古典文獻研究輯刊

三二編

潘美月・杜潔祥 主編

第40冊

南宋戲謔詩校注
（第三冊）

張 福 清 著

國家圖書館出版品預行編目資料

南宋戲謔詩校注（第三冊）／張福清 著 -- 初版 -- 新北市：
花木蘭文化事業有限公司，2021〔民 110〕
目 2+170 面；19×26 公分
（古典文獻研究輯刊 三二編；第 40 冊）
ISBN 978-986-518-421-6（精裝）
1. 宋詩 2. 詩話
011.08   110000636

ISBN-978-986-518-421-6

古典文獻研究輯刊
三二編　第四十冊　　　　　ISBN：978-986-518-421-6

南宋戲謔詩校注（第三冊）

作　　者　張福清
主　　編　潘美月、杜潔祥
總 編 輯　杜潔祥
副總編輯　楊嘉樂
編　　輯　許郁翎、張雅淋　美術編輯　陳逸婷
出　　版　花木蘭文化事業有限公司
發 行 人　高小娟
聯絡地址　235 新北市中和區中安街七二號十三樓
　　　　　電話：02-2923-1455／傳真：02-2923-1452
網　　址　http://www.huamulan.tw 信箱 service@huamulans.com
印　　刷　普羅文化出版廣告事業
初　　版　2021 年 3 月
全書字數　687400 字
定　　價　三二編 47 冊（精裝）台幣 120,000 元　　　版權所有 · 請勿翻印

南宋戲謔詩校注
（第三冊）

張福清 著

目次

卷十二

胡　宏

胡宏（1106～1162，1105 或 1102～1161），字仁仲，學者稱五峰先生。胡安國第三子。建州崇安（今福建武夷山）人。早年見楊時於京師，又從侯仲良於荊門，而卒傳其父之學。其父初與秦檜友善。及秦檜當國擅政，胡宏兄弟乃與之絕交。以蔭補承務郎，不調。優游於衡山之下二十餘年，張拭師事之。秦檜死，被召，以病辭。著有《五峰集》《知言》等。今錄戲謔詩 1 首。

雙井詠水仙，有「妃子塵襪，盈盈體素傾城」之文，予作臺種此花，當天寒風冽，草木萎盡，而孤根獨秀，不畏霜雪。時有異香來襲襟袖，超然意適，若與善人君子處，而與之俱化。乃知雙井未嘗得水仙真趣也。輒成四十字為之刷恥，所病詞不能達諸君一笑〔1〕

萬木凋傷後，孤叢嫩碧生。花開飛雪底，香襲冷風行。高並青松操，堅逾翠竹真。挺然凝大節，誰說貌盈盈。

〔校注〕

〔1〕井雙：指黃庭堅。宋羅大經《鶴林玉露》卷十：「山谷晚年作日錄，題曰《家乘》……後百餘年，史衛王（史彌遠）當國，乃有得之以獻者，衛王甚珍之。後黃伯庸帥蜀，以其為雙井之族，乃以贐其行。」詠水仙：指黃庭堅《王充道送水仙花五十枝，欣然會心，為之作詠》詩。

史　浩

　　史浩（1106～1194），字直翁，明州鄞縣（今屬浙江）人。高宗紹興十五年（1145）進士，調餘姚尉，歷溫州教授，國子博士，為建王府教授。孝宗即位，以中書舍人遷翰林學士，知制誥，除參知政事。隆興元年（1163）拜尚書右僕射、同中書門下平章事兼樞密使。卒諡文惠，追封越王，改諡忠定。有《鄮峰真隱漫錄》五十卷。今錄戲謔詩 1 首。

次韻戲酬張以道〔1〕

　　新詩韻清越，宛若泗濱磬。呼兒誦終篇，悠揚久無定。渾欲挽斯人，歲晚共三徑〔2〕。爛飲煙蘿間〔3〕，不知夕陽暝。

〔校注〕

〔1〕張以道：名未詳，福州永福人。朱熹門人，慶元五年秋八月從學於建陽考亭滄洲精舍，與朱熹討論《老子》《參同契》等。

〔2〕三徑：晉趙岐《三輔決錄·逃名》：「蔣詡歸鄉里，荊棘塞門，舍中有三徑，不出，唯求仲、羊仲從之遊。」後因以「三徑」指歸隱者的家園。

〔3〕煙蘿：借指幽居或修真之處。唐裴鉶《傳奇·文簫》：「一斑與兩斑，引入越王山。世數今逃盡，煙蘿得再還。」

釋師一

釋師一（1107～1176），號水庵，俗姓馬，婺州東陽（今屬浙江）人。法系：五祖法演—圓悟克勤—育王端裕—水庵師一。今錄戲謔詩 2 首。

頌

二八佳人美態嬌，繡衣輕整暗香飄。偷身華圃徐徐立[1]，引得黃鶯下柳條。

〔校注〕

〔1〕華圃：即花圃。生產草本花卉的基地。唐耿湋《會鳳翔張少尹南亭》詩：「草簷宜日過，花圃任煙歸。」宋歐陽修《答端明王尚書見寄兼簡景仁文裕二侍郎》詩之二：「尚有俸錢沽美酒，自栽花圃趁新陽。」

譏月庵[1]

稽首月庵藏裏佛，黃金妙相實堪觀。[2]白面夜叉七八個，推轉如珠走玉盤。（《叢林盛事》卷上）

〔校注〕

〔1〕月庵：即福州東禪寺月庵善果禪師。善果（1078～1152）為開福道寧禪師法嗣，江西鉛山人，俗姓余氏，父母早亡，主要在福建、湖南、江西等地弘法，晚年住溈山，圓寂於紹興壬申正月，壽 74 歲。

〔2〕《如淨錄》卷下：「黃金妙相，驢腮馬嘴。」

李　石

李石（1108～1181？），字知幾，號方舟，資州磐石（今屬四川資中）人。少從蘇符遊。高宗紹興二十一年（1151）進士，為成都戶掾。歷除太學錄。二十九年，以趙逵薦，任太學博士。罷為成都學官，累官知黎州、眉州。孝宗淳熙二年（1175），為成都路轉運判官，尋罷。卒於淳熙八年（1181）後。蜀人號為方舟先生。著有《方舟集》七十卷，存二十四卷。今錄戲謔詩2首。

趙權可許惠笻竹山峰佳者用前韻戲之

使君未怕牧蠻官，遊戲邊藩不作難。龍竹風霆驚物化，鰲山贔屭照人寒〔1〕。

〔校注〕

〔1〕鰲山：堆成巨黿形狀的燈山。贔屭：又名龜趺、霸下、填下，古代傳說中龍生九子之第六子，貌似龜而好負重，有齒，力大可馱負三山五嶽。其背亦負以重物，在多為石碑、石柱之底臺及牆頭裝飾，屬靈禽祥獸。

石過青渠，壁間有何人者詩「欲梓潼神君，戒殺以從佛。」神君初以孝廉舉，豈自污於一飲一食之間，為哉后稷肇祀，庶無罪悔，以迄于今，試以此語為解嘲並賦小詩呈時發縣大夫一笑〔1〕

香茗粗蔬肯破慳，相公日食萬羊山〔2〕。夫君何厚神何薄，自取懸鶉一水間〔3〕。

〔校注〕

〔1〕梓潼神君：亦稱梓潼帝君，道教供奉的主宰功名、祿位的神。此神原本是人，姓張名亞子，居蜀七曲山（今四川梓潼縣北），仕晉戰死，後人立廟紀念他。道教傳說，玉帝封他為梓潼神，掌管文昌府和人間祿籍。唐孫樵撰有《祭梓潼神君文》。

〔2〕萬羊山：即濟源武山。北連太行，西臨王屋。

〔3〕懸鶉：即子夏懸鶉。指衣衫襤褸、家境困頓。多用以寫不在官場的平民或超脫塵俗、安貧樂道的人。《荀子·大略》：「子夏家貧，衣若縣（同『懸』）鶉（鵪鶉鳥）。人曰：『子何不仕？』曰：『諸侯之驕我者，吾不為臣；大夫之驕我者，吾不復見。』」

釋師禮

釋師禮（1108～1179），號或庵，俗姓羅，黃岩（今屬浙江）人。為南嶽下十六世。今錄戲謔詩 1 首。

答瞎堂山蠻杜拗子之謔〔1〕

山蠻杜拗得能憎，領眾匡徒似不曾。越格倒拈苔帚柄，拍盲禪治野狐僧。〔2〕（《禪林寶訓》卷四）

〔校注〕

〔1〕杜拗子：杜，不依軌則。拗，不順人情。喻指玩笑之辭。禪籍中用來稱呼言語不通、說話難懂之禪僧，引申指妄自尊大、不明事理者。

〔2〕拍盲：類似今所說的白內障，在視力下降的表現症狀上相似。

晁公遡

晁公遡（生卒年不詳），字子西，號嵩山居士。濟州鉅野（今山東巨野）人。晁公武之弟。高宗紹興八年（1138）進士。歷左迪功郎、梁山尉、施州通判。乾道初知眉州，又擢提點刑獄公事。晁氏自晁迥以來，家傳文學。南渡後公遡與兄公武最為知名。著有《嵩山居士集》。今錄戲謔詩 2 首。

楊承父與予同在別試所聊戲之奉簡

近時文章衰，淺陋亦可憐。走趨王公門，書記爭翩翩。開讀令人慚，語吃意莫宣。今晨忽驚喜，贈我手一編。筆端吐虹霓，直上欲干天。樊南甲乙中〔1〕，乃有猗那篇。如聽正始音〔2〕，復回元祐年〔3〕。借問安能爾，氣剛得其全。用為良有司〔4〕，吾實無間然。要知取士公，考閱外已傳。何由置漢朝，直柄遂當權。伏閣日論事，不減陽城賢〔5〕。

〔校注〕

〔1〕樊南：唐代詩人李商隱的別稱。李商隱有《樊南文集》，故常以樊南稱之。

〔2〕正始音：指魏正始文學。

〔3〕元祐年：指蘇軾、黃庭堅等人創作活動的時代。

〔4〕有司：官吏。古代設官分職，各有專司，故稱。

〔5〕陽城賢：《朱子全書》：「胡氏曰：陽城賢矣，惜其未盡善也。」陽城（736～805），字六宗，定州北平（今河北完縣）人。代為宦族。家貧不能得書，乃求為集賢寫書吏，竊官書讀之，晝夜不出房，經六年，乃無所不通。德宗遣中官持章服衣之而後詔，賜帛五十匹。尋遷諫議大夫。

啖荔子戲作

　　已覺香皮腥染乾，漸憂熟顆鳥銜殘。高攀上帝紅雲朵，笑撮仙人白玉丹。

黃公度

黃公度（1109～1156），字師憲，號知稼翁，莆田（今屬福建）人。高宗紹興八年（1138）進士第一，任秘書省正字。忤秦檜，通判肇慶府。檜死召還，終考功員外郎兼金部。其詩在南宋初期自成一家，頗受洪邁等人讚賞。著有《漢書鑴誤》《知稼翁集》《知稼翁詞》。今錄戲謔詩 14 首。

戲集老杜句再和

背堂資僻遠〔1〕，要路亦高深〔2〕。未負幽棲志〔3〕，回看不住心〔4〕。寒花隱亂草〔5〕，飛鳥度層陰〔6〕。獨遶荒齋徑〔7〕，新詩近玉琴〔8〕。

〔校注〕

〔1〕杜甫《課小豎鋤斫舍北果林，枝蔓荒穢，淨訖移床三首 一作秋日閒居三首》其一句。

〔2〕杜甫《西閣二首》其一句。

〔3〕杜甫《寄李十二白二十韻》句。　　負，《全唐詩》校「一作遂」。

〔4〕杜甫《望牛頭寺》句。　　不住心：猶無住心，即空靈禪心。用世俗語說就是內心虛靜，沒有執著。《金剛經》說：「應無所住，而生其心。」

〔5〕杜甫《薄暮》句。

〔6〕杜甫《送嚴侍郎到綿州，同登杜使君江樓 得心字》句。　　飛，《全唐詩》作「輕」。　　層，同「曾」

〔7〕杜甫《惡樹》句。　　荒，《全唐詩》作「虛」。　　虛齋：空齋或荒廢之齋。

〔8〕杜甫《西閣二首》句。為「近新詩玉琴」之倒置。

偕方次雲餞孫守月下同歸戲成〔1〕

北陌爭迎丞相車，南郡新分刺史符。弩矢紛紛夾道趨，旌旗獵獵照通衢。一時冠蓋事奔走〔2〕，車馬不許停斯須。賢愚貴賤俱物役〔3〕，始覺名利真區區。我亦年來忝簪紱〔4〕，苟禮羈人日湮汩。往來叨沐主人恩，陶母不恪千金髮〔5〕。平明聯轡逐西風〔6〕，歸路三更踏明月。解貂野店貰濁酒，醉罷高譚倨溟渤〔7〕。風塵薄宦君勿悲，猶勝低回場屋時〔8〕。烏帽白袍青竹榻〔9〕，短檠終夜照紅蠟。

〔校注〕

〔1〕方次雲：即方翥。生卒年未詳，字次雲，莆田（今屬福建）人。紹興八年（1138）進士，但不從仕。在從兄廣東轉運副使方略的萬卷樓讀書多年。後調閩清尉，召對，除秘書省正字。有《麟臺詩集》三十卷。

〔2〕冠蓋：冠，禮帽；蓋，車蓋。指仕宦，貴官。

〔3〕物役：《荀子‧正名》：「故向萬物之美而盛憂，兼萬物之利而盛害……夫是之謂以己為物役矣。」楊倞注：「己為物之役使。」後謂為外界事物所役使為「物役」。

〔4〕簪紱：冠簪和纓帶。古代官員服飾。亦用以喻顯貴，仕宦。

〔5〕陶母：指晉陶侃之母湛氏。

〔6〕聯轡：猶聯騎。唐劉禹錫《同樂天和微之深春》之十一：「國樂呼聯轡，行廚載滿車。」宋陳傅良《哭呂伯恭郎中舟行寄諸友》詩：「倚廬魚鼓夜，聯轡雞人曉。」

〔7〕溟渤：溟海和渤海。多泛指大海。

〔8〕場屋：科舉考試的地方，又稱科場。引申為科舉考試。

〔9〕烏帽：多為庶民、隱者之帽。

秋旱熱甚尤苦登陟輿中戲成

少皞不用事〔1〕，八月猶苦熱。南方本炎蒸，況乃甘澤闕。雨師弛厥職〔2〕，旱魃逞餘孽〔3〕。金石鑠欲流，污池龜甲裂。稼穡亦已休，田家生理絕。敢意築場圃，漸聞罌瓶竭。租斂數有恆，不為愆陽輟〔4〕。州縣急錙銖，鞭棰動流血。吁嗟號帝閽，此語何由徹。空村巫覡舞〔5〕，靈祠香火謁。水旱制於天，祈禳恐虛設。嘗聞桑林禱〔6〕，爪犧亦清潔。

萬國幾為魚，堯德豈其劣。但令備先具，難必沴氣滅〔7〕。江淮十萬兵，仰口資餽轍。太倉無宿儲〔8〕，有司憂百結。腐儒從薄宦，籃輿走嶒嶸〔9〕。王事有嚴程，亭午不得歇。林鳥呀無聲，僕夫屢告喝。馬得變玄冬，陰崖踏層雪。

〔校注〕

〔1〕少皞：亦作「少昊」。傳說中古代東夷集團首領，名摯（一作質），號金天氏。

〔2〕雨師：古代傳說中司雨的神。

〔3〕旱魃：傳說中引起旱災的怪物。《詩・大雅・雲漢》：「旱魃為虐，如惔如焚。」

〔4〕愆陽：亦作「愆暘」。陽氣過盛。本謂冬天溫和，有悖節令。後亦指天旱或酷熱。

〔5〕巫覡：古代稱女巫為巫，男巫為覡，合稱「巫覡」。後亦泛指以裝神弄鬼替人祈禱為職業的巫師。

〔6〕桑林禱：謂祈雨。《三國志・蜀志・郤正傳》：「陽旰請而洪災息，桑林禱而甘澤滋。」

〔7〕沴氣（lì）：災害不祥之氣。

〔8〕太倉：古代京師儲穀的大倉。

〔9〕籃輿：古代供人乘坐的交通工具，形制不一，一般以人力抬著行走，類似後世的轎子。

癸亥秋行縣夜寓下生院倦甚慨然有歸歟之興戲用壁間韻以盟泉石〔1〕

何須輪擁朱，不願佩懸玉。青山得去且歸去，謀生待足何時足。林間招提金碧開，門外過客誰能來。桂花落盡無人問，古牆秋徑生青苔。舊山泉石故應好，菟裘不營亦可老〔2〕。此身已與三徑期，未分淵明跡如掃。

〔校注〕

〔1〕癸亥：紹興二十三年（1153）。

〔2〕菟裘：在嶽（泰山）之陰（陽）。《左傳》隱公十一年，公語公子翬，營菟裘終老，即此。

晚泊同安，林明府攜酒相過，戲集杜陵句為《醉歌行》

疾風吹塵暗河縣〔1〕，去馬來牛不復辨〔2〕。黃昏始扣主人門〔3〕，置酒張燈促華饌〔4〕。夜如何其初促膝〔5〕，人生會合難再得〔6〕。簿書何急來相仍〔7〕，且將欸曲終今夕〔8〕。腐儒衰晚謬通籍〔9〕，射策君門期第一〔10〕。天門日射黃金榜〔11〕，自怪一日聲輝赫〔12〕。三年奔走空皮骨〔13〕，足繭荒山轉愁疾〔14〕。未有涓埃答聖朝〔15〕，途窮反遭俗眼白〔16〕。懷抱何時得好開〔17〕？生前相遇且銜杯〔18〕。儒術於我何有哉〔19〕？黃帽青鞋歸去來〔20〕。

〔校注〕

〔1〕杜甫《湖城東遇孟雲卿，復歸劉顥宅宿宴，飲散因為醉歌》句。　　河縣：指同安。

〔2〕杜甫《秋雨歎三首》其二句。化用《莊子・秋水篇》：「秋水時至，百川灌河，涇流之大，兩涘渚崖之間，不辨牛馬。」

〔3〕杜甫《相逢歌 一作從行 贈嚴二別駕 一作嚴別駕相逢歌》句。

〔4〕杜甫《湖城東遇孟雲卿，復歸劉顥宅宿宴，飲散因為醉歌》句。　　促華饌：催促擺好美酒佳餚。

〔5〕杜甫《相逢歌 一作從行 贈嚴二別駕 一作嚴別駕相逢歌》句。語出《詩經・小雅・庭燎》：「夜如何其？夜未央。」

〔6〕杜甫《久雨期王將軍不至》句。　　合，《全唐詩》作「面」。

〔7〕杜甫《早秋苦熱，堆案相仍 時任華州司功》句。

〔8〕杜甫《湖城東遇孟雲卿，復歸劉顥宅宿宴，飲散因為醉歌》句。　　欸，《全唐詩》作「款」。　　今夕，《全唐詩》校「一作今冬」。　　款曲：慇懃的心意。秦嘉《留郡贈婦詩》：「念當遠離別，思念敘款曲。」

〔9〕杜甫《題省中院 一本無院字 壁》句。

〔10〕杜甫《醉歌行》句。　　射策：漢代考試法之一。《漢書・蕭望之傳》：「望之以射策甲科為郎。」顏師古注：「射策者，謂為難問疑義書之於策，量其大小署為甲乙之科，列而置之，不使彰顯。有欲射者，隨其所取得而釋之，以知優劣。射之，言投射也。」後泛指科舉考試。

〔11〕杜甫《宣政殿退朝晚出左掖 掖門在兩旁如人之臂掖》句。　　天門：宮門。黃金榜：飾以黃金的門匾。

〔12〕杜甫《莫相疑行》句。　　輝，《全唐詩》校「一作煇；一作烜」。　　輝赫：
　　　榮耀，顯赫。杜甫獻三賦後，曾得到玄宗的賞識。

〔13〕杜甫《將赴成都草堂途中有作，先寄嚴鄭公五首》其四句。　　三年：此指多
　　　年。　　空皮骨：只剩下皮包骨。

〔14〕杜甫《觀公孫大娘弟子舞劍器行 並序》句。　　疾，《全唐詩》校「一作寂」。

〔15〕杜甫《野望》句。　　埃，《全唐詩》校「一作涘」。

〔16〕杜甫《丹青引，贈曹將軍霸》句。　　俗白眼：世俗的白眼，被人瞧不起。《晉
　　　書·阮籍傳》：「籍又能為青白眼，見禮俗之士，以白眼對之。」

〔17〕杜甫《秋盡》句。　　得好開，《全唐詩》校「一作好一開」。

〔18〕杜甫《醉時歌 贈廣文館博士鄭虔 》句。

〔19〕杜甫《醉時歌 贈廣文館博士鄭虔 》句。　　儒術：儒家的思想、學說。

〔20〕杜甫《發劉郎浦 浦在石首縣，昭烈納吳女處》句。　　黃帽：黃色的帽子。《漢
　　　書·鄧通傳》：「通以擢船為黃頭郎。」《注》：「土勝水，其色黃，故刺船之郎，
　　　皆著黃帽。因號曰黃頭郎也。」即駕船的人戴黃帽，取其以土剋水的緣故。

至日戲題天福寺〔1〕

　　去年至日老夫家，呼兒具酒對梅花。今年至日空奔走，豈止無花亦
無酒。薄宦驅人無已時〔2〕，客懷牢落強裁詩〔3〕。君不見杜陵老詩伯〔4〕，
年年至日長為客。

〔校注〕

〔1〕至日：指冬至、夏至。

〔2〕薄宦：卑微的官職。有時用為謙辭。

〔3〕裁詩：作詩。

〔4〕杜陵：指唐杜甫。

西郊步武地春將老矣不能一往朝吉侄今日為遨頭澀雨大作非惟人心難並止或尼之枕上得小詩資宋永兒一噱因呈昔遊兄弟速尋舊盟勿為天公所玩〔1〕

　　無復西郊訪綺羅〔2〕，任教佳景去如梭。殘杯冷炙何曾夢，亂絮飛花
積漸多。舉世盡從忙裏過，幾人能共醉時歌。不辭作意營春事〔3〕，急
雨狂風可奈何。

〔校注〕

〔1〕宋永：黃泳，字宋永，號四印居士，徽宗時以童子召見，賜五經及第，官止郢州通守。

〔2〕綺羅：指穿著綺羅的人。多為貴婦、美女之代稱。

〔3〕春事：指男女歡愛。

次韻宋永兄白髮〔1〕

銀鬢詎如許，金丹奈若何。休垂髀肉涕〔2〕，莫擊唾壺歌〔3〕。世事奕棋局，人材在沚莪。未須相料理，大器晚成多。

〔校注〕

〔1〕宋永：即黃泳。

〔2〕髀肉：大腿上的肉。亦為「髀肉復生」的簡縮。唐白居易《題裴晉公女幾山刻石詩後》詩：「戰袍破猶在，髀肉生欲圓。」

〔3〕擊唾壺：《晉書·王敦傳》：「（王敦）每酒後輒詠魏武帝樂府歌曰：『老驥伏櫪，志在千里。烈士暮年，壯心不已。』以如意打唾壺為節，壺邊盡缺。」原形容對文學作品的極度讚賞，後亦用以形容抒發壯懷或不平之情。

迴文絕句

歌闌一尊清晝長，曲池小景晚風涼。波微動處見魚戲，荷半開時過雨香。

宋永兄一訪青帝而黃婆作惡累日戲作小詩問安二首〔1〕

其一

鳴鐘伐鼓南山阿，傾城車馬相戞摩。萬釭高下照朱碧，百堵往來紛綺羅。身入醉鄉頹紅玉，月明歸路湛金波。挽君一出臥三日，奈此陌上春光何。

其二

陌上春光遽如許，花落花開任風雨。誰憐四印居士賢〔2〕，苦遭造化小兒侮。古來醫手罕折肱〔3〕，老去流年劇飛羽。無復當時倒載歸，群童拍手山公舞〔4〕。

〔校注〕

〔1〕青帝：我國古代神話中的五天帝之一，是位於東方的司春之神，又稱蒼帝、木
　　　帝。黃婆：道教煉丹的術語。認為脾內涎能養其他臟腑，所以叫黃婆。

〔2〕四印居士：即黃泳。四印，舊指四種修養身心之道。宋黃庭堅《贈送張叔和》
　　　詩：「我提養生之四印，君家所有更贈君；百戰百勝不如一忍，萬言萬當不如
　　　一默，無可簡擇眼界平，不藏秋毫心地直。」任淵注：「宗門有三印，謂印空、
　　　印水、印泥。山谷作《雲峰悅禪師語錄序》云：『不受然燈記別，自提三印正
　　　宗。』今云『四印』，亦猶此意，謂忍、默、平、直也。」

〔3〕折肱：喻久經磨練而富有經驗。

〔4〕山公倒載：謂醉酒後躺倒在車上。形容爛醉不醒。唐白居易《酬裴相公題興化
　　　小池見招長句》詩：「山公倒載無妨學，范蠡扁舟未要追。」

南來苦熱戲作二首

　　農夫烈日夏畦耕，仙家九轉丹灶成〔1〕。阿奴投燭婢翻羹，飛蛾赴焰
雞遭烹。湯為池兮火為城，未如三伏南州行。

其二

　　大旱赤地金將流，火炎昆岡玉石休。六月王師萬貔貅〔2〕，叢坐氈帳
襲重裘。鄰人延燒已焦頭，未如三伏行南州。

〔校注〕

〔1〕丹灶：煉丹用的爐灶。

〔2〕貔貅：多連用以比喻勇猛的戰士。

洪景盧賦素馨有遐陬不遇賞拔之歎戲作反之〔1〕

　　不入東風桃李群，結根遠在瘴江濆。眼看南國添春色，天遣餘波及
寶薰〔2〕。淡泊直疑梅失素，清幽欲與蕙爭芬〔3〕。上林託足雖無地，猶
有香名萬里聞〔4〕。

〔校注〕

〔1〕「景盧」二字後題小字注「邁」。　　洪邁（1123～1202），字景盧，號容齋，
　　　饒州鄱陽人。遐陬：邊遠偏僻的地方。《筆花醫鏡·序》：「遐陬僻壤，或有力
　　　而無處延醫；茅舍窮簷，或有醫而無力延。」

〔2〕波及，《永樂大典》卷七九六〇作「香入」。

〔3〕幽欲，《永樂大典》作「香不」。

〔4〕香，《永樂大典》作「佳」。

員興宗

員興宗（？～1170），字顯道，自號九華子。隆州仁壽（今屬四川）人。高宗紹興二十七年（1157）進士。歷任秘書省正字、校書郎兼國史院編修官、著作佐郎兼實錄院檢討官。乾道六年（1170）六月因病奉祠，主管台州崇道觀，尋病卒。著作今存《采石戰勝錄》《辨言》《九華集》。今錄戲謔詩4首。

李太白古風高奇或曰能促為竹枝歌體何如戲促李歌為數章〔1〕

其一

黃河溟溟日落海，逝川流光不相待。春容去我秋髮衰，擬欲餐霞駐光彩。

其二

天津三月桃與李，朝能斷腸暮流水。綠珠黃犬悲相續，何如湖海鷗夷子〔2〕。

其三

郢客遺音飛上天〔3〕，誰歌此曲誰為傳。但聞色聲紛唱和，使我默歎心凄然。

其四

鄭客入關行未已〔4〕，逢人見謂祖龍死〔5〕。秦人竟去無來蹤，千載桃源隔流水。

〔校注〕

〔1〕古風：詩體的一種。即古體詩。唐李白有《古風》五十七首。

〔2〕鴟夷子：春秋越范蠡之號。《史記‧越王句踐世家》：「范蠡浮海出齊，變姓名，自謂鴟夷子皮，耕於海畔，苦身勠力，父子治產。」

〔3〕郢客：指歌手、詩人。李白《古風》：「郢客吟白雪，遺響飛青天。」

〔4〕鄭客：指秦代使者鄭容。據晉干寶《搜神記》卷四載，鄭容自關東至咸陽，將過函谷關，在華陰縣遇華山神使者，託以一書致鎬池君。鄭容如其言，取書者云明年祖龍死。李白《古風》之三十一：「鄭客西入關，行行未能已。」

〔5〕祖龍：指秦始皇。

卷十三

王十朋

　　王十朋（1112～1171），字龜齡，號梅溪，溫州樂清（今屬浙江）人。高宗紹興二十七年（1157）進士。初添差紹興府僉判，歷秘書省校書郎兼建王府小學教授、著作佐郎、大宗正丞，得請主管台州崇道觀。孝宗即位，除司封員外郎兼國史院編修官，累遷國子司業、起居舍人，改兼待講、侍御史。隆興二年（1164），知饒州。乾道元年（1165），知夔州。三年，知湖州。四年，知泉州。七年，除太子詹事，以龍圖閣學士致仕。七月卒，年六十。諡忠文。有《梅溪前後集》及奏議等五十四卷。今錄戲謔詩 67 首。

戲酬毛虞卿見和〔1〕

　　杜門不願高軒過〔2〕，聊學東山謝公臥〔3〕。傷時淚泣鮫人珠〔4〕，揮毫寫灂風雨驅。友生笑我為狂客〔5〕，齊楚未須論失得。他年功業定如何，醉中細把君詩哦。

〔校注〕

〔1〕毛虞卿：毛宏，字叔度，原名公弼，字虞卿，樂清人。紹興十五年（1145）進士，授寧海主簿。丁父母憂，以哀毀卒。

〔2〕高軒過：《新唐書・文藝傳下・李賀》記：「李賀七歲能辭章，韓愈、皇甫湜始聞未信，過其家，使賦詩。賀援筆輒就，自題曰《高軒過》。兩人驚奇之，自是有名。」後遂以「高軒過」為敬辭，意謂大駕過訪。

〔3〕東山：據《晉書・謝安傳》載，謝安早年曾辭官隱居會稽之東山，經朝廷屢次徵聘，方從東山復出，官至司徒要職，成為東晉重臣。又臨安、金陵亦有東山，

也曾是謝安的遊憩之地。後因以「東山」為典。指隱居或遊憩之地。謝公：指
謝安。

〔4〕鮫人：捕魚者，漁夫。仇兆鰲注：「鮫人，捕魚者。」

〔5〕友生：朋友。狂客：放蕩不羈的人。

與萬先之登丹芳嶺，路人有手持桂花者，戲覓之，概然相贈，且言欲施此花久矣，又言花名秋香，一名十里香。遂與先之分之記以一絕〔1〕

攜手丹梯語話長〔2〕，不知身到碧雲鄉〔3〕。行人相見如相識，贈得
岩花十里香。

〔校注〕

〔1〕作於紹興十九年己巳（1149），38 歲，秋赴太學時。萬先之：名庚，字先之。
《梅溪集》：先之登乙科，屬清湘學官，改南昌掾。十朋與先之交往密切，並
為先之整理遺篇。

〔2〕丹梯：紅色的臺階。亦喻仕進之路。

〔3〕碧雲鄉：碧雲，青雲；碧空中的雲。指山野之鄉。

柘溪道傍有班竹百餘挺，蕭灑可愛。與先之賞玩移時，因念鄉間無是種，約異日移其根。予戲誦「君看江上千竿竹，不是男兒淚點班」之句，遂發一笑，既而作數語解異世婦人之嘲，且志不必移根也〔1〕

男兒有淚不染竹，當作包胥賈生哭〔2〕。湘源遺種雖可愛，節目尚餘
兒女態。誰能千里移此根，出門又恐添啼痕。不如還家種慈竹〔3〕，不
厭千竿萬竿綠。

〔校注〕

〔1〕柘溪：寧海鳧溪的支流。

〔2〕包胥：即申包胥，春秋時楚國大夫。楚昭王十年（公元前 506 年），吳國用伍
子胥計攻破楚國，他到秦國求救，在秦庭痛哭七日夜，終於使秦國發兵救楚。

〔3〕慈竹：竹名。又稱義竹、慈孝竹、子母竹。叢生，一叢或多至數十百竿，根窠盤
結，四時出筍。竹高至二丈許。新竹舊竹密結，高低相倚，若老少相依，故名。

代婦人答

　　君勿題詩訾湘竹，君勿笑他兒女哭。人為鍾情故生愛，夫婦相思乃常態。為君飄蕩太無根，兩臉盡是思君痕。安得相依似雙竹，長保千秋萬秋綠。

貧家連歲薦荒，今年尤甚，妻孥有號寒之患，每欲以酒自寬，酒惡竟不能醉，拙於生事，殊可笑也。表弟萬大年家薦熟酒醇，有足樂者，因《思舊詩》有「剩栽桑柘教妻蠶」句，遂和以寄之〔1〕

　　年踰四十尚何堪，愈老生涯愈不諳。何以代耕猶未仕，初無可樂誤為男。號寒兒訝桑條沃，飲酒賓嫌蜜汁甘。堪羨通家萬公子，細君善釀更能蠶〔2〕。

〔校注〕

　〔1〕萬大年：王十朋表弟。生平不詳。妻孥：妻子和兒女。

　〔2〕細君：古稱諸侯之妻。後為妻的通稱。

九日把酒十九人和詩者數人而已今已後期不復追索許以來年九日還用前韻發一笑

　　勸君須飲文字酒，勸君耕耨心中畝。飲非文字猶聚蚊，心田不耕棘生口〔1〕。登高佳節豈易得〔2〕，況此相逢皆勝友。談傾坐上冰玉清〔3〕，興生筆下波濤吼。我亦逢場聊戲劇〔4〕，韻語殊非三昧手〔5〕。試投瓦礫已成堆，辱報驪珠未盈斗。和之者寡豈陽春，高才料恥居王後〔6〕。嗟我窮愁無以遣，酒債詩篇行處有。與茲飲會類平原，逃我詩盟幾高厚。如今並許來年還，直須日月逢重九。

〔校注〕

　〔1〕心田：佛教語。即心。謂心藏善惡種子，隨緣滋長，如田地生長五穀莠稗，故稱。

　〔2〕登高：指農曆九月初九日登高的風俗。

　〔3〕冰玉：冰和玉。常用以比喻高尚貞潔的人品或其他潔淨的事物。

　〔4〕戲劇：遊戲。

　〔5〕三昧：佛教語。梵文音譯。又譯「三摩地」。意譯為「正定」。謂屏除雜念，心不散亂，專注一境。

〔6〕恥居王後：《新唐書·文藝傳上·王勃》：「勃與楊炯、盧照鄰、駱賓王皆以文章齊名，天下稱『王、楊、盧、駱』，號『四傑』。炯嘗曰：『吾愧在盧前，恥居王後。』議者謂然。」後因以「恥居王後」指在文名上恥於處在不及己者之後。

剡之市人以崇奉東嶽為名，設盜跖以戲先聖，所不忍觀因書一絕

里巷無端戲大儒，恨無司馬為行誅。不知陳蔡當時厄〔1〕，還似如今嵊縣無〔2〕。

〔校注〕

〔1〕陳蔡當時厄：孔子遷於蔡三歲，吳伐陳。楚救陳，軍於城父。聞孔子在陳蔡之間，楚使人聘孔子。孔子將往拜禮，陳蔡大夫謀曰：「孔子賢者，所刺譏皆中諸侯之疾。今者久留陳蔡之間，諸大夫所設行皆非仲尼之意。今楚，大國也，來聘孔子。孔子用於楚，則陳蔡用事大夫危矣。」於是乃相與發徒役圍孔子於野。不得行，絕糧。從者病，莫能興。孔子講誦絃歌不衰。子路慍見曰：「君子亦有窮乎？」孔子曰：「君子固窮，小人窮斯濫矣。」

〔2〕嵊縣：在浙江省東部、曹娥江上游、四明山南麓。漢置剡縣，宋改嵊縣。

周德遠植瑞香於窗前，戲成一絕〔1〕

主人貪睡為貪香，花植窗前意味長。見說有時魂夢裏，化為蝴蝶繞花旁。

〔校注〕

〔1〕周德遠：與王十朋有八年同舍之誼的太學同舍。樓鑰與之亦有交往，其有《周德遠挽詞》。

書院掛額，展筵雅會也。戲集諸堂軒齋名作詩

黌館名初掛〔1〕，銀鉤勢欲翻〔2〕。人才蘊秀異，學業扣淵源。俊彥方群集，文章可細論。輝聲邁前輩，擢秀藹諸孫〔3〕。心友居蘭室〔4〕，天香滿桂軒。茲為學者富，難與俗流言。恢義高風倡，同襟舊好敦。池中神鯉足，一一上龍門〔5〕。

〔校注〕

〔1〕黌館：即梅溪書館。王十朋紹興二十三年創辦梅溪書院的前身。

〔2〕銀鉤：比喻遒媚剛勁的書法。

〔3〕擢秀：謂草木之欣欣向榮。形容人才之出眾。

〔4〕心友：知心的朋友。蘭室：芳香高雅的居室。

〔5〕龍門：科舉試場的正門，借指科舉會試。會試中式為登龍門。

昌齡闢圃植花，索詩於老者。戲作數語兼簡夢齡〔1〕

　　東園小小花木稀，西園廓廓規模奇〔2〕。西園主人但置酒，東園老人甘賦詩。朝遊西園飲千斛，莫向東園吟百幅。更約南園好事人〔3〕，酒盞詩篇日相續。

〔校注〕

〔1〕王十朋有兩個弟弟，大弟壽朋、二弟百朋的字。十朋二弟百朋，字昌齡。十朋大弟壽朋，字夢齡。

〔2〕東園、西園：皆花園名。東園名小小園，詩人自己的花園。西園，是十朋二弟昌齡新闢的花園。廓廓，遼闊貌。

〔3〕南園：應該是大弟夢齡的花園。

西園新闢，昌齡索詩。予以其未開尊也，戲作數語。既飲，復用前韻

　　阿連好事由來稀〔1〕，開軒闢圃幽更奇。峰巒羅列富遐覽，氣象收拾歸新詩。百挺琅玕花數斛〔2〕，宛似輞川圖一幅〔3〕。朝莫過從有弟兄〔4〕，長願歌聲無斷續。

〔校注〕

〔1〕阿連：南朝宋詩人謝靈運從弟謝惠連。此指十朋二弟昌齡。

〔2〕琅玕：形容竹之青翠，亦指竹。

〔3〕輞川圖：唐詩人王維繪的名畫。繪輞川別業二十勝景於其上，故名。

〔4〕朝莫：即「朝暮」。早晚。

予與二弟連日賦詩飲酒，詩成，命二子書之，亦居家之一樂也。復用前韻

不愁地闢車馬稀，自喜兄弟俱好奇。阿連舉觴勸我酒，阿買研墨書翁詩〔1〕。長泛鄭生船百斛〔2〕，日賦鄴侯三四幅〔3〕。何用身封萬戶侯，但願青箱有人續〔4〕。

〔校注〕

〔1〕阿買：韓愈子姪的小名。唐韓愈《醉贈張秘書》詩：「阿買不識字，頗知書八分。」朱熹考異引趙堯夫曰：「或問：『阿買是退之何人？』答云：『退之姪必有所據而云，此必其子姪小字。』」後用以借稱子姪。

〔2〕鄭生：好酒者，不知是否指鄭廣文？百斛：泛指多斛。斛，量具名。古以十斗為斛，南宋末改為五斗。

〔3〕鄴侯：唐李泌貞元三年，拜中書侍郎、同中書門下平章事，累封鄴縣侯，家富藏書。後用為稱美他人藏書眾多之典。

〔4〕青箱：收藏書籍字畫的箱籠。《宋書·王准之傳》：「曾祖彪之……博聞多識，練悉朝儀，自是家世相傳，並諳江左舊事，緘之青箱。」

昌齡和詩以不得志於賢關，有欲退隱之語。復用前韻，勉其涵養俟時，未可真作休休計也〔1〕

出門休歎知己稀，開卷攬取前人奇。西園松菊聊笑傲，未可遽賦休休詩。涵養胸襟容萬斛〔2〕，仰視青天紙盈幅。行看富貴來逼人，江左家聲子當續〔3〕。

〔校注〕

〔1〕賢關：進入仕途的門徑。休休計：王十朋《梅溪後集》卷七《小小園》：「預作休休計，先開小小園。杖藜成日涉，得趣與心論。」

〔2〕萬斛：極言容量之多。古代以十斗為一斛，南宋末年改為五斗。

〔3〕江左：東晉及南朝宋、齊、梁、陳各代的基業都在江左，故當時人又稱這五朝及其統治下的全部地區為江左。家聲：家族世傳的聲名美譽。

昌齡頻開尊再用前韻

人生常患如意稀，利名擾擾何足奇。誰能如我惠連弟〔1〕，有園有酒

兼能詩。種秫西疇都幾斛〔2〕，時見小童馳片幅〔3〕。風軒灑掃又相呼〔4〕，適有嘉魚饋羊續。

〔校注〕

〔1〕惠連：指南朝宋謝惠連。惠連幼聰慧，族兄靈運深加愛賞。後詩文中常用為從弟或弟的美稱。唐李白《春夜宴從弟桃花園序》：「群季俊秀，皆為惠連；吾人詠歌，獨慚康樂。」宋蘇軾《送翟安常赴闕寄子由》詩：「松荒三徑思元亮，草合平池憶惠連。」

〔2〕西疇：西面的田疇。泛指田地。

〔3〕馳，四庫本作「持」。

〔4〕風軒：有窗檻的長廊或小室。

用前韻題東園

吾園小小遊人稀，吾腹便便空自奇。徑草青青可煎飲，雨竹涓涓堪賦詩〔1〕。鮮鮮菊滿東籬斛，揚揚蘭入騷人幅〔2〕。牡丹芍藥紫薇梅，四時花卉開相續。

〔校注〕

〔1〕涓涓：清新、明潔貌。《文選‧潘岳〈射雉賦〉》：「天泱泱以垂雲，泉涓涓而吐溜。」徐爰注：「涓涓，清新之色。」

〔2〕揚揚：飄逸貌、得意貌。《荀子‧儒效》：「呼先王以欺愚者而求衣食焉，得委積足以掩其口，則揚揚如也。」楊倞注：「揚揚，得意之貌。」

賈元識和詩酬以前韻〔1〕

河東丈人年及稀，精神矍鑠心瑰奇〔2〕。新來移居向山谷，一尊時得同論詩。酒量汪汪可勝斛，醉後揮毫動盈幅。新詩疏越似朱弦〔3〕，不才何用煎膠續〔4〕。

〔校注〕

〔1〕賈元識：作者朋友，生平不詳。河東人。河東：黃河流經山西省境，自北而南，故稱山西省境內黃河以東的地區為「河東」。

〔2〕矍鑠：形容老人目光炯炯、精神健旺。瑰奇：美好特出；珍奇。

〔3〕疏越：疏通瑟底之孔，使聲音舒緩。朱弦：用熟絲製的琴弦。

〔4〕煎膠續：即「煎膠續弦」。古人認為，把鸞嘴和麟角合煎成膠，可以黏合斷了
　　的弓弦。

表弟津上人有瑞香抹利戲覓之

　　瑞香早入江南夢〔1〕，抹利來從毘舍園〔2〕。久與道人同寂寞，不如
來薦孔融尊〔3〕。

〔校注〕

〔1〕瑞香：植物名。也稱睡香。常綠灌木，葉為長橢圓形。春季開花，花集生頂端，
　　有紅紫色或白色等，有濃香。

〔2〕毘舍：佛教語。梵文譯音。又譯作「吠舍」「吠奢」。古印度四種姓之一。指從
　　事農牧業、手工業和商業的等級。

〔3〕孔融尊：《後漢書》卷七○《孔融傳》：「（孔融）復拜左中大夫。性寬容少忌，
　　好士，喜誘益後進。及退閒職，賓客日盈其門。常歎曰：『坐上客恒滿，尊中
　　酒不空，吾無憂矣。』」後世常用此事作為賦詠好客之情與飲酒之樂的典故。
　　韓淲《水調歌頭·次宋倅韻》：「等閒吟笑而已，賴有孔融尊。」

省中黃梅盛開同舍命予賦詩戲成四韻

　　照眼非梅亦非菊，千葉繁英刻瓊玉。色含天苑鵝兒黃〔1〕，影蘸瀛波
鴨頭綠〔2〕。日烘喜氣光燭須，雨洗道裝鮮映肉〔3〕。此梅開後更無梅，
莫惜攀條飲醹醁〔4〕。

〔校注〕

〔1〕天苑：天子的御苑。鵝兒黃：指黃梅的顏色如雛鵝的羽絨色，即鵝黃色。

〔2〕瀛波：傳說海上有三座仙山，其中之一為瀛洲。此指大海之波。鴨頭綠：綠色。

〔3〕道裝：亦作「道妝」。道教徒或佛教徒的裝束和打扮。

〔4〕醹醁：亦作「醹淥」。美酒名。

章季子教授惠顧渚茶報以宣城筆戲成三絕〔1〕

其一

　　春回顧渚雪芽生，香味尤宜秘水亭〔2〕。搜我枯腸欠書卷，飲君清德
賴詩情。

其二

白齒新芽不出山，青囊誰遣到人間。午窗驚覺還鄉夢，紗帽籠頭捧兔班。[3]

其三

雪水書來寄葉嘉[4]，中山人去代瓊華。定將絳帳鑄人手[5]，散出毫端千種花。

〔校注〕

〔1〕章季子：生平不詳。何薳《春渚紀聞》有「一日謁章季子於富春之法門寺」之語。顧渚茶：王十朋《會稽風俗賦》：「日鑄雪芽，臥龍瑞草。瀑嶺稱仙，茗山斗好。顧渚爭先，建溪同早。碾塵飛玉，甌濤翻皓。生兩腋之清風，興飄飄於蓬島。」

〔2〕秘水：茶之別名。唐時秘書省中的茶最佳，故以稱秘書省之茶。宋蔡襄《茶錄》上：「唐秘書省中茶最佳，故名秘水。」

〔3〕自注：季子以青囊紗盛二兩，云乃真顧渚零陵佩，不出山，絕品也。

〔4〕葉嘉：陸羽《茶經·一之源》說：「茶者，南方之嘉木也。」蘇東坡有文名《葉嘉傳》，將茶擬人化。後人以葉嘉借代為茶。

〔5〕絳帳：紅色帳帷。《後漢書·馬融傳》：「常坐高堂，旆絳紗帳，前授生徒，後列女樂。」後因以為師長或講座的代稱。

剪拂花木，戲成二絕

其一

灑掃衡茅端欲老[1]，剪裁花木自為春。權門炙手非吾事，祇合丘園作散人[2]。

其二

蔓草芟夷莫許侵[3]，好花封植待成陰。每於小小園林裏，長抱惓惓獃獃心[4]。

〔校注〕

〔1〕衡茅：衡門茅屋，簡陋的居室。

〔2〕丘園：代指隱居之處。

〔3〕芟夷：指除草，刈除。

〔4〕惓惓：深切思念，念念不忘。畎畝心：畎畝意為田間，這裡指代歸隱田園的想法。

曹夢良贈炭戲成一絕〔1〕

烏龍書至送烏薪〔2〕，郎舍嚴冬覺有春。未暇吞為啞口漢，且須暖作直身人〔3〕。

〔校注〕

〔1〕自注：予時為郎，夢良為嚴州司戶。　　曹夢良：曹逢時，字夢良。瑞安曹村（一作許峰）人。紹興二十七年丁丑（1157）進士及第，與狀元王十朋同科。歷官桐廬縣尉、福州教授。著有《桔林文集》。

〔2〕烏薪：即炭。

〔3〕直身人：與啞口漢相對，意為身體可以只有站直活動，而不凍僵。

四月從駕詣德壽宮，與諸公會食於和樂樓，是日借洪景嚴承旨馬，戲云「從駕濫騎承旨馬，朝天叨綴舍人班（時為起居舍人）。」異日再集，胡舍人邦衡云：不可不成篇也。遂於樓中足之〔1〕

殿坳經幄侍清閒〔2〕，學術空疏媿在顏。從駕濫騎承旨馬，朝天叨綴舍人班。登樓雖喜民和樂，論事還驚世險艱。聖主英姿同藝祖〔3〕，諸君何苦戀湖山〔4〕。

〔校注〕

〔1〕德壽宮：始建於紹興三十二年（1162），南宋時人們常稱之為「北內」或「北宮」。是南宋高宗、孝宗禪位後為養老修建的一組宮殿建築。其規格與皇宮不相上下。景嚴：洪遵（1120～1174），字景嚴，洪皓子。與其兄洪适、其弟洪邁先後中博學鴻詞科，有「三洪」之稱。鄱陽（今屬江西）人。進士出身，擢秘書省正字，累官至起居舍人、吏部尚書、翰林學士承旨、同之樞密院事、端明殿學士、提舉太平興國宮，位同宰相。卒諡「文安」。

〔2〕經幄：即經筵，是指漢唐以來帝王為講經論史而特設的御前講席。

〔3〕藝祖：祖，當作「租」。指有才藝文德的祖先。此指宋太祖。

〔4〕自注：時議欲乞移蹕建康，侍從諸公有議論者，故云。　　戀湖山：指隱居。因為有聖明的君主，就不要留戀湖山。

予素不善棋，孫先覺萬大年林大和見訪，戲與對壘，偶皆勝之，因作數語

予手不善談，臨局氣先怯。偶逢孫萬林〔1〕，三戰輒三捷。都緣敵不勍，非以臺威脅〔2〕。孺子濫成名，凱奏意殊愜。三君皆壯士，小挫未肯厭。予今務持勝，堅壁不容劫。〔3〕

〔校注〕

〔1〕孫萬林：即孫先覺、萬大年和林大和三人。

〔2〕臺威脅：宰輔大臣的威嚴。

〔3〕自注：予昔在館中，每與同舍郎陳阜卿手談。既而陳遷臺察，一日相與棋，諸公戲云：「陳今有臺威，公必敗。」予偶勝之，陳笑曰：「公果不畏臺威耶。」

大年和棋詩復次前韻

君棋如龍且〔1〕，初笑韓信怯。我棋似公瑾，赤壁真橫捷〔2〕。但知貪旁角〔3〕，不覺攻背脅。主人本無競，勝負兩俱愜。嘉賓倘再集，鏖戰定誰厭。新篇尤逼人，我輩徒劫劫〔4〕。

〔校注〕

〔1〕龍且（jū）：楚漢爭雄時項羽屬下大將，韓信擊齊，楚使龍且救齊，相拒濰水，信佯敗，且追信，最後被信擊敗。形容下棋的棋勢兇猛。

〔2〕公瑾：周瑜。橫捷：出乎意料的勝利。

〔3〕旁角：棋勢。馬融《圍棋賦》：「先據四道兮保角依旁，緣邊遮列兮往往相望。」

〔4〕劫劫：猶汲汲。奔竟貌。

術者謂予命犯元辰故每仕輒已予笑曰有是哉戲作問答語〔1〕

問君胡為入臺省，問君胡為官輒冷。宣尼猶且畏元辰〔2〕，羊鼠龍豬作君梗。退之宿直斗牛箕〔3〕，聲名謗毀常相隨。死生窮達端有命，予知之矣當安之。

〔校注〕

〔1〕術者：算命卜卦之人。元辰者，別而不合之名。陽前陰後，則有所屈，屈則於事無所伸。陰前陽後，則直而不遂，於事暴而不治，難與同事，故謂之元辰。

〔2〕宣尼：孔子。漢平帝元始元年追諡孔子為褒成宣尼公，故稱。見《漢書·平帝
紀》。李德裕《復晚有懷平泉林居》：「公旦既思周，宣尼亦念魯。」

〔3〕蘇軾云：吾生平遭口語無數，蓋生時與退之相似。

予還自武林，葺先人弊廬。淨掃一室，晨起焚香，讀書於其間，與至賦詩客來飲酒啜茶，或弈棋為戲，藏書數百卷，手自暴之。有小園，時策杖以遊，時遇秋旱，驅家僮濬井，汲水澆花，良天佳月與兄弟鄰里把酒杯同賞過重九，方見菊以泛觴有足樂者，每攬鏡見蒼顏白髮，亦聊自歎也。作小詩十五首

掃室

灑掃學者事，陳蕃胡不然。要令天下淨，端自室中先。

焚香

掃地眼塵淨，焚香心境清。案頭時一炷，邪慮不應生。

讀書

入政慚無學〔1〕，還家更讀書。翻同小兒輩，相共惜居諸。

賦詩

秋興最難遣，詩懷如亂雲。雖無少陵筆〔2〕，一飯不忘君。

飲酒

我意豈在酒，銜杯聊樂天。客來同一醉，客去獨高眠。

啜茶

濫與金華講，賜沾龍鳳團。卻歸林下飲，更媿是粗官。

弈棋

光景老尤惜，忍銷枰弈間。娛賓欠絲竹，一局戰清閒。

暴書

秋日更可畏，所宜唯暴書。反身還自笑，均是蠹書魚。

策杖

園小日思涉，山高時欲登。老來疲腳力，興至策枯藤。

汲水〔3〕

山中久不雨，汲水欲何從。一夜井泉達，靈鰻恐是龍。

澆花

花木正憔悴，秋陽那更驕。驅童綆深井，聊助化工澆。

賞月

還舍八十日，三逢明月圓。停杯試一問，歸去何定年。

採菊

既晚開何益，採之聊泛觴。書生自白頭，奚用泣馨香。

覽鏡

可正宜頻覽，無塵亦自磨。少陵今老矣，功業欲如何。

濬井

旱久井垂涸，汲多泉更渾。濬教泥淨盡，何患不逢原〔4〕。

〔校注〕

〔1〕入，原作八，據四庫本改。

〔2〕少，原作小，據四庫本改。

〔3〕自注：濬井得鰻，放之，明日水漲面（雍正本、光緒本作而）清，僕夫云鰻能
　　　穿石眼，通泉脈故戲汲之。

〔4〕原，雍正本、光緒本作源。

陳阜卿書云聞詩筒甚盛可使流傳江西否戲用竹萌韻以寄〔1〕

江西大帥本仙官，余事篇章過定安。欲遣詩筒寄詩伯，恐嫌白俗孟
郊寒。

〔校注〕

〔1〕陳阜卿：陳之茂（？～1166），字阜卿，無錫（今江蘇無錫）人。高宗紹興二
　　　年（1132年）進士。六年（1136），為休寧尉。三十年（1160），為秘書省著作
　　　郎，監察御史。三十一年（1161），知吳興，次年改知平江。孝宗隆興元年（1163）
　　　知建康，二年（1164）知隆興。乾道二年（1166）再知建康，旋致仕。詩筒：
　　　盛詩之竹筒，便於攜帶及傳遞。宋王讜《唐語林》載：白居易任杭州刺史時，

與平生故交錢徽、李穰和元積以詩唱和。他們之間互贈的詩作都放入竹筒中來往傳遞。

種金沙花戲呈景盧〔1〕

春光駘蕩楚天涯，李白桃紅次第花。未向名園看鐵樹〔2〕，聊於郡圃種金沙。

〔校注〕

〔1〕金沙花：形似酴醾，花期也同，花色紅豔奪目，香弱於酴醾。古人多將它與酴醾並植。

〔2〕鐵樹：蘇鐵的通稱。一般為名園所種。

同官會飲鄱江樓送谷簾泉二尊戲成小詩〔1〕

聞說樓中會八仙，郡齋分送谷簾泉〔2〕。好將投向鄱江水，共作長鯨吸百川。

〔校注〕

〔1〕鄱江樓：位於鄱陽縣城，始建於唐，在南門城上，因樂安江、昌江二水至鄱陽縣西合流而為鄱江，故建樓名為鄱江樓。唐人錢起、宋人王十朋、洪适等在此均有吟詠。

〔2〕谷簾泉：位於廬山的主峰大漢陽峰南面康王谷中。「茶神」陸羽稱「廬州康王穀水簾水，第一」，谷簾泉「天下第一泉」之名由此而來。

前端午一日會飲鄱江樓，十有六人既分韻賦詩，又戲成短篇

佳節江樓上，同僚共把杯。人如舜才子，名半漢雲臺〔1〕。詩占城南首〔2〕，音參古磬枚〔3〕。宜添兩學士，相約訪蓬萊。〔4〕

〔校注〕

〔1〕漢雲臺：漢宮中高臺名。東漢明帝時因追念前世功臣，圖畫鄧禹等二十八功臣名將於南宮雲臺。

〔2〕詩占城南：韓愈《遊城南詩》十六首。

〔3〕古磬枚：漢犍為郡得古磬十六枚。聲音悅耳動聽。

〔4〕自注：韓愈《遊城南詩》十六首，漢犍為郡得古磬十六枚。

郡齋舊有假山，暇日命工葺之，取石之嵌者縛置山頂，汲水笇竹引而激之自頂而下，有懸崖飛瀑之狀。予既以蕭灑名齋，因鐫二字於石，戲成古風〔1〕

山從何來石無根，水從何來山無源。忽然幻出如自然，群峰崒嵂聲潺湲〔2〕。石工貌愚性機巧，兩手頃刻成陶甄〔3〕。坐移野景到城郭，解使平地生林泉。香爐瀑布名天下〔4〕，雁蕩龍湫更蕭灑〔5〕。名山不見典刑存〔6〕，得趣何須論真假。君不見晉公元勳兼盛德，綠野堂前羅潤石〔7〕。又不見行行正直韓退之，汲井埋盆成小池〔8〕。二公匈中有佳致〔9〕，潤石盆池聊自戲。世間萬事皆戲耳，何止茲山與茲水。

〔校注〕

〔1〕據明林有麟《素園石譜》載：王梅溪有一石，嵌空玲瓏，下有懸崖飛瀑之狀，以蕭灑名齋，鐫二字於石，作詩詠之。

〔2〕崒嵂：山勢高聳險峻貌。

〔3〕陶甄：指自然界的造化，造就。

〔4〕「香爐」句：香爐，指廬山香爐峰。唐李白《望廬山瀑布》詩：「日照香爐生紫煙，遙看瀑布掛前川，飛流直下三千尺，疑是銀河落九天。」

〔5〕雁蕩：指雁蕩山，在浙江省東南部名山。龍湫：雁蕩山有瀑布名「龍湫」。

〔6〕典刑：即典型，典範。這裡指山原本的高峻之貌。

〔7〕「君不見」二句：晉公指晉國公裴度。裴度（765～839），字中立，唐聞喜人。貞元初擢進士第。憲宗時，淮蔡不奉朝命，諸軍進戰數敗，朝臣爭搶罷兵，度力請討伐，合帝意，即授門下侍郎平章事，督諸軍進兵，擒蔡州刺史吳元濟，以功封晉國公，入知政事。度功高持正，不為朝臣所喜，數起數罷。以宦官擅權，時事已不可為，乃自請罷相。於午橋（在今河南洛陽）創建別墅，花木萬株，中起涼臺暑館，名曰「綠野堂」。與白居易、劉禹錫作詩酒之會。元勳：首功。

〔8〕「又不見」二句：行行（hàng）：剛強貌。韓退之：唐韓愈，字退之。河南河陽（今河南孟縣南）人。汲井：取水於井。

〔9〕二公：指裴度和韓愈。佳致：美好的情趣。

趙果州致羊酒走筆戲酬〔1〕

十日廬山遊，蔬腸作雷鳴。對食有長鋏，論文無麴生〔2〕。清淨似齋

戒，遲留欲修行。翩翩佳公子，憐我厭藜羹〔3〕。魚酒致遠意，詩篇慰西征。薑新微帶糟，鮓美香流罌〔4〕。今宵羊踏園，魂夢定須驚。回首白蓮社〔5〕，姑作陶淵明。

〔校注〕

〔1〕趙果州：趙不拙，字若拙，宋宗室，太宗六世孫。曾知果州（今四川南充），江州（今江西九江）添倅。累官至直秘閣。見陸游《渭南文集》一四《趙秘閣文集序》。添倅，增設的副職。《續資治通鑒‧宋高宗紹興十八年》：「自秦檜專國，朝士為所忌者，終身以添倅或帥幕處之。未嘗有為郡者。」

〔2〕「蔬腸」三句：蔬腸，意為饑腸。長鋏：劍。用馮諼之典。十朋有詩《寄趙果州》：「九江話別已經年，三峽相逢豈偶然。預掃江頭禮賓館，論文尊酒菊花天。」

〔3〕藜，原作黎，據四庫本改。　藜羹：指用藜菜做的羹，泛指粗劣的食物。

〔4〕鮓：海魚名。罌：盛貯器，多用來存水或盛放飯菜。

〔5〕白蓮社：東晉釋慧遠於廬山東林寺，同慧永、慧持和劉遺民、雷次宗等結社精修念佛三昧，誓願往生西方淨土，又掘池植白蓮，稱白蓮社。

遊南山入康谷，以不觀谷簾泉為恨，南康李守致上尊，乃此泉名也，戲成一絕〔1〕

不飲谷簾山下水，徒觀瀑布下長川。使君破我遊山恨，酒寄人間第一泉。

〔校注〕

〔1〕南康李守：即南宋乾道間知南康軍李亦。生卒年與籍貫不詳。王十朋由饒州改知夔州，過南康軍，南康軍李亦在歸宗寺以谷簾水沏茶，以谷簾酒招待。王十朋有詩云云。在廬山秀峰青玉峽內最大一處摩崖石刻，有李亦用篆書「龍」字。入龍潭內，迎面可見，巨大而醒目，體正勢活，有的筆劃將橫轉為斜筆，而轉折圓弧，氣勢磅礴，骨力雄強。

歸宗橙老言，廬山有對云：簡寂觀中甜苦筍，歸宗寺裏淡鹹虀。予因以湯泉石鏡戲成一絕〔1〕

參禪得味鹹虀淡，學道忘憂苦筍甜。石鏡與時為顯晦，湯泉涉世有涼炎〔2〕。

〔校注〕

〔１〕歸宗：歸宗寺。位於廬山腳下，原為王羲之所建別墅，後來王離任時將此別墅
　　　贈給一西域僧人為寺，後稱歸宗寺。簡寂觀：道教名山古蹟。在今江西九江境
　　　內的廬山金雞峰下，是其上清派大宗師陸修靜用於修道、傳教、整理道經、編
　　　撰道教齋式儀範類道書之所。南朝時為廬山最大的道觀。鹹齏：切碎的醃菜或
　　　醬菜。南宋陸游《老學庵筆記》卷五：「知縣酒渴，聞有鹹齏，欲覓一甌。」

〔２〕石鏡，如鏡的山石。與時：追逐時機。《史記・仲尼弟子列傳》：「子貢好廢舉，
　　　與時轉貨貲。」湯泉，溫泉。

元章贈筆戲成一絕〔１〕

　　東臺使者妙詩文〔２〕，贈我中書四十君〔３〕。我不善書慚拜賜，中書
今日遇將軍。

〔校注〕

〔１〕元章：查鑰，字元章，查許國之孫。祖籍海陵（今江蘇泰州），高宗紹興二十
　　　一年（1151）進士。先後擔任過戶部架閣文字、秘書省正字、江淮宣撫使司參
　　　議官、夔州路轉運使司判官、四川總領、太府少卿兼國史院編修兼實錄院檢討
　　　官、建康總領等職。曾經與胡憲、王十朋、馮方、李浩相繼論事，太學生作《五
　　　賢詩》歌之。卒，張栻作《祭查少卿文》。

〔２〕東臺：官署名，唐高宗時曾改門下省為東臺，中書省為西臺。後人以「東臺」
　　　沿稱門下省。

〔３〕中書：中書君，毛筆的別稱。

再酬元章

　　一尊方喜細論文，春草題詩又送君。手握管城言不盡〔１〕，詩壇誰復
將中軍〔２〕。

〔校注〕

〔１〕城，原缺，據四庫本補。　　管城：管城子，筆的別稱。

〔２〕將：動詞，率領。中軍：主將或指揮的人。

至瞿唐關戲用山名成一絕〔1〕

取友要如山勝己〔2〕，居官宜似地青簾〔3〕。邊庭未靜尚赤甲〔4〕，鼎鼎欲調須白鹽〔5〕。

〔校注〕

〔1〕瞿唐關：古關名。因位於瞿唐峽而得名，也稱江關。故址在今四川省奉節縣東，形勢險要。

〔2〕取友：選取、結交朋友。勝己：勝己山。本名牛頭山。在治南隔江十二里，在文山右，峰巒疊秀，巍然獨出。郡守王十朋改名勝己山。

〔3〕居官：做官，擔任官職。《儀禮・士相見禮》：「與眾言，言忠信慈祥；與居官者言，言忠信。」青簾：即青簾山。

〔4〕邊庭：邊地，邊疆。赤甲：即赤甲山。在治東十五里，不生草木，土石皆赤如人袒背，故曰赤甲。一名火焰山。或云漢巴人赤甲屯兵於此故名。

〔5〕白鹽：即白鹽山。在治東隔江十七里，崖壁高峻，色如白鹽。張珮書「赤甲白鹽」四大字於上。與赤甲山夾江對峙，蜀之噤喉也。

寇萊公取韋蘇州「野渡無人舟自橫」之句增為十字，見於曾南豐所作公傳，則知前輩作詩一言一句皆有來歷。予用其說為巴東詞記，有新進士作詩云：「語當人意為佳句，何與韋郎野渡舟。」用其以解嘲〔1〕

野水再經吟詠手，一般景象兩般舟。萊公相業韋郎句〔2〕，付與詩人子細搜。

〔校注〕

〔1〕詞，雍正本、光緒本作「祠」。　　寇萊公：寇準，字平仲。景德元年契丹軍進攻時任宰相，反對王欽若等南遷的主張，力主抗戰，促使真宗往澶州督戰，與遼訂立澶淵之盟。不久被王欽若排擠罷相。天禧初年復相，封萊國公，四年又被丁謂排擠降官。後被貶死於雷州。有《寇忠愍公詩集》三卷。韋蘇州：韋應物，唐朝著名山水詩人。因出任過蘇州刺史，世稱「韋蘇州」。曾南豐：即曾鞏（1019～1083），字子固。建昌軍南豐（今江西）人。仁宗嘉祐二年（1057）進士。少有文名，為歐陽修賞識。歷官越州通判、知齊襄洪福諸州，所至多有政聲，終中書舍人。卒諡文定。

〔2〕相業：宰相的功業，這裡比喻寇準的詩句氣勢雄偉。

拾荔枝核欲種之戲成一首

海味正思瑤柱美，夔門又見荔枝紅〔1〕。炎方入貢自妃子〔2〕，郡圃欲栽如白公〔3〕。官滿猶為十年計，實成須待二星終〔4〕。不須更論何時吃，前種後收人我同〔5〕。

〔校注〕

〔1〕夔門：指瞿塘峽。因地處川東門戶，故稱夔門。

〔2〕炎方：泛指南方炎熱地區。妃子：皇帝的妾，這裡指楊貴妃。出自唐代杜牧《過華清宮絕句三首其一》：「一騎紅塵妃子笑，無人知是荔枝來。」

〔3〕自注：樂天種荔枝於忠州，有詩。

〔4〕二星：牛郎星和織女星。

〔5〕自注：樂天《戲楊萬州種荔支》詩云：聞說萬州方欲種，愁君得吃是何年。

予至蘭溪，買扇題「歸去來」字，吏忽報有潘淵明相訪，戲書二十字〔1〕

扇題歸去來〔2〕，客遇潘淵明。舉扇謝佳客，歸耕吾已成。

〔校注〕

〔1〕蘭溪：地名。作者家鄉。潘淵明：徽宗朝蔡旻之孫婿。祖籍仙化軍仙遊，江蘇常州武進人。官朝奉大夫，知潮州。

〔2〕歸去來：詩人正在扇上題字，未寫完被打斷，所題出自晉陶淵明的《歸去來兮辭》。

比和知宗詩牽於押韻以招虞為戲果蒙見招復用前韻〔1〕

宗英真好事，呼客共遊湖。攜具臨平遠，觀山對有無。十花逢淨友〔2〕，千頃和雲夫〔3〕。得玉又求劍，無厭慚似虞。

〔校注〕

〔1〕知宗：南宋在泉州置南外宗正司，掌外居宗室事務，擇宗室賢者一人管勾，稱知南外宗正司，省稱知宗。十朋有詩《十日同知宗提舶遊九日山延福寺》：「十日同登九日山，山中好處各躋攀。桑田改變松猶在，車馬往來僧自閒。昨日風應吹紫帽，今朝菊已帶衰顏。登臨稍愜南來意，好逐飛飛倦鳥還。」（泉州又有市舶使司，掌海外貿易。其長官為提舉福建市舶使，省稱提舶。《方輿勝覽》

卷一二《泉州》:「九日山,去城十五里,延福寺之後山也。舊俗以重陽日登高於此,故名。」)東湖:指泉州東湖。

〔2〕自注:曾端伯十花,以荷為淨友。

〔3〕自注:韓詩《酬盧雲夫荷花行》:曲江千頃波秋(當作秋波)淨。　雲夫,盧雲夫,名汀,官給事中。盧雲夫作《曲江荷花行》引發韓愈的遊興,以詩和之。

遊湖值雨薛士昭衣巾沾濕意氣自若戲用前韻〔1〕

薛侯真不俗,十日兩東湖。俊逸詩篇有,倉皇雨具無。袍雖濕毅父〔2〕,眉不皺堯夫〔3〕。異夕月離畢〔4〕,遊宜備不虞。

〔校注〕

〔1〕薛士昭:字伯宣。溫州人。乾道四年(1168),帥永嘉。孝宗淳熙四年(1177),任廣東提舉市舶(阮元《廣東通志》卷十五)淳熙十三年(1186)知衡州。領祠為主管。十朋與士昭俱永嘉人,至乾道四年(1168)會於泉州時,已相識二十餘年。

〔2〕毅父:孔平仲,字義甫,一作毅父,治平二年舉進士,曾任秘書丞、集賢校理、戶部郎辛等職,與其兄文仲、武仲俱有文名,時號「三孔」。

〔3〕堯夫:邵雍,字堯夫,北宋著名理學家、數學家、詩人,與周敦頤、張載、程顥、程頤並稱北宋五子。

〔4〕月離:謂月亮運行到某度次。《詩·小雅·漸漸之石》:「月離于畢,俾滂沱矣。」

郡圃有荔支名白蜜者熟最晚戲成一絕〔1〕

紛紛蜂採百花歸,蜜在枝頭竟不知〔2〕。造物要令甜在後〔3〕,時人莫訝熟何遲。

〔校注〕

〔1〕白蜜:蔡襄《荔支譜》中記「蜜荔枝:純甘如蜜,是為過甘,失味之中」,此白蜜疑即此。又《廣群芳譜》卷六《果譜·荔枝一》載有「白蜜」一種,「皮粉紅,甘如蜜」。

〔2〕蜜在枝頭:指枝頭懸掛的白蜜荔枝。

〔3〕造物:造物主,大自然。

曹夢良教授寄柑一百顆報以乾荔支戲成二絕

其一

故人書自許峰來，領得黃柑手自開。未滿洞庭三百顆，更看驛使一枝梅。

其二

絕品知君尚未嘗，三山絳帳喜相將〔2〕。冷官豈是淹賢地，尤物聊觀十八娘〔3〕。

〔校注〕

〔1〕曹夢良，曹逢時，字夢良，與王十朋曾是同窗。教授：學官名。宋代除宗學、律學、醫學、武學等置教授傳授學業外，各路的州、縣學均置教授，掌管學校課試等事，位居提督學事司之下。

〔2〕三山：福州的別稱。絳帳，出自《後漢書·馬融傳》「融才高博洽，為世通儒，教養諸生，常有千數……居宇器服，多存侈飾。常坐高堂，施絳紗帳，前授生徒，後列女樂，弟子以次相傳，鮮有入其室者。」後因以「絳帳」為師門、講席之敬稱。

〔3〕十八娘：一說是荔枝品種，一說是唐代南粵的美女名。開元年間入宮，甚受寵愛。

吳宗教惠西施舌戲成三絕〔1〕

其一

吳王無處可招魂，惟有西施舌尚存。曾共君王醉長夜，至今猶得奉芳尊。

其二

博物延陵有令孫〔2〕，不因官冷作儒酸。珍庖自有西施舌，風味堪陪北海尊〔3〕。

其三

長記還家屢擊鮮〔4〕，南來歸興日飄然。不緣樽俎逢西子〔5〕，始泛江湖范蠡船〔6〕。

〔校注〕

〔1〕西施舌：貝類動物名。又名海蚌、貴妃蚌、沙蛤。肉白，形似舌，味極鮮美。

〔2〕延陵：春秋時吳國公子季札。

〔3〕北海尊：亦作「北海樽」。漢末孔融為北海相，時稱孔北海。《後漢書·孔融傳》記：融性寬容少忌，好士，喜誘益後進。及退閒職，賓客日盈其門。常歎曰：「坐上客恒滿，尊中酒不空，吾無憂矣。」後常用作典實，比喻主人之好客。

〔4〕擊鮮：宰殺活的牲畜禽魚，充作美食。

〔5〕樽俎：古代盛酒食的器皿，樽以盛酒，俎以盛肉，這裡指宴席。

〔6〕范蠡：春秋時期政治家、軍事家。字少伯，楚國人。後遊齊國，至陶，改名陶朱公，經商致富。晚年放情太湖山水，愛好養魚。著有《養魚經》。

黃伯厚得蒲墨折而為三以書來易戲成二絕〔1〕

其一

不謂一子墨，忽成三客卿。君家好兄弟，鼎立並馳名。

其二

好去文房寶，堅剛宜自持。吾家藏有盡，黃子玩無時〔2〕。

〔校注〕

〔1〕黃伯厚：名載，自號玉泉，江西建昌府（今江西南城縣）人；以詩得名於嘉熙、淳祐間。受知於丞相鄭清之。仕至廣東鈐轄以卒。有詩集《蠟社歌餘》，已佚。
蒲墨：即川墨。周暉《清波雜志》載此墨。

〔2〕黃子：即黃載伯厚。尊稱對方。

卷十四

嚴　煥

嚴煥，字子文，常熟（今屬江蘇）人。高宗紹興十二年（1142）進士。曾官徽州、臨安教授，建康府通判，乾道三年（1167）以朝請郎知江陰軍，後遷太常丞，出為福建市舶，終朝散大夫等。文章整健雋雅，工詩，畫不苟作，尤精於書法，與辛棄疾有唱和。今錄戲謔詩 2 首。

五言戲贈呂神童行〔1〕

自我諏人物，天涯實眇然〔2〕。晚觀童子意，早拍病夫肩。凜凜神鋒異〔3〕，琅琅腹笥傳〔4〕。晴溫武林道，光怪呂家船〔5〕。

〔校注〕

〔1〕呂神童：鄉人呂正之三子連中童子科。嚴煥有詩《鄉人呂正之教三子連中童子科盛哉前此無有也……》詩。

〔2〕眇然：高遠貌；遙遠貌。

〔3〕凜凜：威嚴而使人敬畏；神鋒：指劍。極言其鋒利。

〔4〕琅琅：形容人品堅貞，高潔；腹笥（sì）：腹中所記之書籍和所有的學問。

〔5〕光怪：神奇怪異的現象。

鄉人呂正之教三子連中童子科盛哉前此無有也推原所以啟其意者繇今大漕顯謨公乃不遠數百里來致感激余與之釃酒道舊歡甚匆匆欲歸賦詩以留之〔1〕

千秋萬歲聖賢話，盡掛諸郎齒頰閒。發縱指南知有自〔2〕，昂霄聳壑

定非艱〔3〕。靈椿挺挺元未老〔4〕，珠樹樅樅孰可攀〔5〕。過我朝陽語中曲，
且停煙棹置家山〔6〕。

〔校注〕

〔1〕繇（yáo）：從，自；大漕：宋代轉運使的俗稱；釃（shāi）酒：斟酒。

〔2〕發縱：猶言指揮調度；指南：比喻指導或指導者；有自：有其原因；

〔3〕昂霄聳壑：喻出人頭地。

〔4〕靈椿：喻年高德劭的人；挺挺：正直貌。

〔5〕珠樹：神話、傳說中的仙樹，也喻俊才；樅樅：隆起貌；高聳貌。

〔6〕煙棹（zhào）：指煙波中的小舟。

曾　協

　　曾協（？～1173），字同季，號雲莊。南豐（今屬江西）人。曾肇之孫。高宗紹興中以蔭任長興丞。遷鎮江、臨安通判。孝宗乾道七年（1171）知吉州，改撫州。九年卒於權知永州任上。詩學蘇軾、陳與義，古詩又多效「選體」。有《雲莊集》五卷。今錄戲謔詩 2 首。

李粹伯命賦枕流已讀佳篇不容著語戲書二伽陀問之〔1〕

其一

　　六尺玲瓏日日開〔2〕，個中那解著纖埃〔3〕。主人無耳誰求洗，試問聲從何處來。

其二

　　水軒宴坐死灰同，一息呼號萬竅風〔4〕。縱有溪流清似鏡，不知何處洗虛空。

〔校注〕

〔1〕李粹伯：李處全，字粹伯（1134～1189）。徐州豐縣（今屬江蘇）人。紹興進
　　　士。歷殿中侍御史，知袁州，處州、舒州。有《晦庵詞》一卷。枕流：指寄跡
　　　江湖。孫楚謂王武子曰：「吾將隱，當枕流漱石何如？」蓋枕石漱流，誤言之
　　　也。王曰：「流可枕乎？石可漱乎？」答曰：「枕流欲洗其耳，漱石欲礪其齒。」
　　　予謂耳未可洗，齒不必漱。深山窮谷中，非面折廷諍地，何事齒牙尖利，將謂
　　　立陳三代以驚世乎？將謂憤世疾邪以諷世乎？爾時高人正學耳聾山林，不禁

騰笑。若曰洗耳，則不獨污牛口者勿許，得毋使渴飲之牛，思清流今長鳴，而觖而望之耶？伽陀：亦作「伽他」。梵語譯音。伽陀為十二部經之一，亦譯句頌、孤起頌、不重頌。

〔2〕六尺玲瓏：指玲瓏簾。

〔3〕個（gè）中：此中，這當中；纖埃：微塵。

〔4〕萬竅：指大地上大大小小的孔穴。

呂願中

呂願中（生卒年不詳），字叔恭，睢陽（今河南商丘。一說洛陽人）人。紹興二十四年（1154），以右承議郎直祕閣知靜江府，兼廣西經略安撫使。率賓寮共賦《秦城王氣》詩，得召赴臨安。檜死，二十六年，責果州團練副使、封州安置。著有詩集《撫松集》一卷。今錄戲謔詩 1 首。

假守呂叔恭遊中隱岩無名洞，坐客鄱陽朱國輔云：此洞未有名，因公而題，欲名曰呂公岩。予未敢披襟，而劉子思陳朝彥皆曰：甚當。戲書五十六字鑱於石壁間。紹興甲戌季春七日〔1〕

護田綠水轉山樊，滴翠群峰列巨杉〔2〕。洞外僧藍侵斗漢〔3〕，澗邊人跡隔仙凡。深深雲谷春常在，寂寂松扉夜不緘。此處得名爰自我，要須題作呂公岩。

〔校注〕

〔1〕作於紹興二十四年（1154）春三月。假守：古時稱權宜派遣而非正式任命的地方官；朱國輔：朱良弼，字國輔，鄱陽人。時任通守（監州）。劉子思：劉襄，字子思，祥符人。時任機宜。陳朝彥：陳廷傑，字朝彥，建安人。時任經屬。三人皆郡之屬官。呂願中在中隱山另一題記中有說明：「假守睢陽呂願中叔恭、機宜祥符劉襄子思、通守鄱陽朱良弼國輔、經屬建安陳廷傑朝彥因祈晴，乘興遊中隱岩，留題以記勝遊。」中隱山，（桂林）城西五里。宋紹興間，呂願中來遊，「題曰呂公岩」。

〔2〕滴翠：極言翠綠的程度，像要滴下水來的樣子。

〔3〕僧藍：僧伽藍，即僧伽羅磨。佛教寺院。

釋印肅

釋印肅（1115～1169），號普庵，俗姓余，袁州宜春（今屬江西）人。六歲從壽隆院賢和尚出家，年二十七得度。高宗紹興十二年（1142），於袁州開元寺受戒。遍遊湖湘，謁大潙牧庵忠禪師。二十三年，主慈化寺。乾道二年，始營梵宇。五年卒，年五十五。著有《普庵印肅禪師語錄》，收入《續藏經》。今錄戲謔詩1首。

拈棋遊戲三昧禪〔1〕

君不見，爛柯仙，一局知他幾度年。自出洞來誰作對，未曾舉手早贏先。高不高，玄不玄，默然輕轉不能言。得失都盧無個事，一時收拾華堂前。若人要問消息，落落真風印碧天。

〔校注〕

〔1〕錄自《全宋詩輯補》2043頁。　　三昧禪：即三昧與禪那。三昧譯作定，禪那譯作思惟。三昧：又稱定、正定、定意、等持、正心行處、調直定等。是指將心凝聚一處，達到一種安定的、沉靜的狀態。佛教的修行一般都強調要使心神集中於一處，不散亂，在保持安靜的狀態下觀想凝照，領悟佛法真諦，斷除一切煩惱，達到佛教追求的最高境界。

李 燾

　　李燾（1115～1184），字仁甫，一字子真，號巽岩。眉州丹棱（今屬四川）人。高宗紹興八年（1138）擢進士第。乾道三年（1167），歷任兵部員外郎、禮部侍郎、秘書少監，繼直顯謨閣、寶文閣，遷秘閣修撰，進敷文閣學士，同修國史。博極載籍，搜羅百氏，以史自任，尤熟本朝典故。通天文曆法和音韻、文字學。卒諡文簡。有《續資治通鑒長編》《春秋學》《六朝通鑒博議》《說文解字五音韻譜》《李文簡公集》等。今錄戲謔詩 2 首。

過淨名院觸目都似曾到問訊乃非也戲題絕句〔1〕

其一

　　入門髮鬚記曾來，問訊山僧始此回。卻覓舊遊無是處，只應形似遣人猜。

其二

　　世間形似巧迷人，總是安排底處真。縱復非真猶足喜，得來聊寄夢中身。

〔校注〕

〔1〕錄自《全宋詩輯補》2043 頁，見《成都文類》卷五、《石倉歷代詩選》卷二一八。淨名院：在江寧（今南京）東山，又名土山寺，本為資福院，梁武帝改名為淨名院。宋、元時又改稱淨名寺。

王　灼

　　王灼（1105～1181後），字晦叔，號頤堂。宋遂寧（今屬四川）人。乾道間任夔州、四川總領司（趙不棄）幕職，四川宣撫司幹辦公事。灼博學多聞，嫺於音律。紹興十五年（1145）冬，居成都碧雞坊妙勝院，常與友人飲宴聽歌，歸家則錄所聞見，並考歷代習俗，追思平時論說，撰成《碧雞漫志》。現存《頤堂先生文集》五卷、《碧雞漫志》五卷、《頤堂詞》一卷。今錄戲謔詩3首。

戲王和先張齊望〔1〕

　　王家二瓊芙蕖妖，張家阿倩海棠魄。露香亭前占秋光，紅雲島邊弄春色〔2〕。滿城錢癡買娉婷〔3〕，風捲畫樓絲竹聲。誰似兩家喜看客，新翻歌舞勸飛觥。君不見東州鈍漢發半縞〔4〕，日日醉踏碧雞三井道。

〔校注〕

〔1〕王灼《碧雞漫志》之《序》云：「乙丑（紹興十五年，1145）冬，予客寄成都之碧雞坊妙勝院，自夏涉秋。與王和先、張齊望所居甚近，皆有聲妓，日置酒相樂，予亦往來兩家不厭也。……」王和先：生平不詳，王灼有《王氏碧雞園六首》詠其園中景物，可見是當地富厚之家。張齊望：生平無考，其身份家境應與王和先相似。

〔2〕紅雲島：地名。因宋代丁謂在福建監茶時而得名。宋代趙汝礪《北苑別錄·御園·鳳凰山》清汪繼壕注引宋代柯適《御茶泉記》云：「宋咸平間，丁謂於茶

堂之前，引二泉為龍鳳池，其中為紅雲島。四面植海棠，池旁植柳，旭日始陞
時，晴光掩映，如紅雲浮於其上。」當緣此而得名，成為北苑著名一景。參見
清康熙《建安縣志》卷一。韓愈《花島》詩：「欲知花島處，水上覓紅雲。」
張師賢《柬玉山人詩》：「故人一隔紅雲島，相見銀屏七夕前。」

〔3〕錢癡：因富有錢財，養尊處優、無所用心而智力低下的人。宋沈括《夢溪筆談・
人事一》：「曼卿言豪者之狀，懵然愚騃，殆不分菽麥，而奉養如此，極可怪
也……古人謂之錢癡，信有之。」宋陸游《苦貧戲作》詩：「箕踞浩歌君會否，
書癡終覺勝錢癡。」

〔4〕東州鈍漢：詩人自指。鈍漢，蠢人。

以朝雞送樊氏兄弟效魯直體作兩絕〔1〕

其一

平生自許屠龍學〔2〕，歲晚擬作祝雞翁〔3〕。長鳴分送君識取，膈膈
膊膊風雨中〔4〕。

其二

塵柄知君談亹亹〔5〕，雞群笑我喚朱朱〔6〕。曉窗試渠作人語，絕勝
蠹簡用工夫〔7〕。

〔校注〕

〔1〕朝雞：早晨報曉的雄雞；魯直：宋黃庭堅，字魯直。

〔2〕屠龍：《莊子・列禦寇》：「朱泙漫學屠龍於支離益，單千金之家，三年技成，
而無所用其巧。」後因以指高超的技藝或高超而無用的技藝。

〔3〕祝雞翁：漢劉向《列仙傳・祝雞翁》：「祝雞翁者，洛人也。居尸鄉北山下，養
雞百餘年，雞有千餘頭，皆立名字。暮棲樹上，晝放散之，欲引，呼名即依呼
而至。賣雞及子得千餘萬，輒置錢去。之吳，作養魚池。後升吳山，白鶴孔雀
數百常止其傍云。」因以「祝雞翁」指善養雞的人，或隱居。唐杜甫《奉寄河
南韋尹丈人》詩：「尸鄉餘土室，難說祝雞翁。」劉禹錫《重寄表臣二首》之
二：「早晚同歸洛陽陌，卜鄰須近祝雞翁。」

〔4〕膈膈膊膊（bì bì bó bó）：象聲詞。形容連續起伏的聲音。古詩《兩頭纖纖》：
「膈膈膊膊雞初鳴，磊磊落落向曙星。」宋范成大《兩頭纖纖》詩之一：「膈
膈膊膊上帖箭，磊磊落落封侯面。」

〔5〕麈（zhǔ）柄：麈尾的柄，借指麈尾；亹亹（wěi）：不絕貌。

〔6〕朱朱：呼雞聲。《初學記》卷三十引漢應劭《風俗通》：「呼雞曰朱朱，俗云，雞本朱氏翁化為之。今呼雞皆朱朱也。」

〔7〕蠹（dù）簡：被蟲蛀壞的書。泛指破舊書籍。

鄧　深

鄧深（約 1162 年前後在世），字資道，一字紳伯，湘陰（今屬湖南）人。高宗紹興十二年（1142）進士，歷任太府丞、提舉廣南市舶、知衡州，擢潼川路轉運使。後以朝散大夫致仕。晚居東湖明秀閣，自號大隱居士。著有《鄧紳伯集》十卷。今錄戲謔詩 1 首。

戲留友人把酒

柳還飛絮春餘幾，幸有清樽可共持。今我未眠卿莫去，古人皆飲子休辭。

洪　适

洪适（1117～1184）字景伯，號盤洲。原名造，字溫伯，一字景溫。饒州鄱陽（今屬江西）人。洪皓長子。高宗紹興十二年（1142）中舉博學宏詞科。歷任中書舍人、翰林學士、端明殿學士、參知政事，官至同中書門下平章事兼樞密使。以文名聞於時。著有《盤洲文集》《隸釋》等。今錄戲謔詩17首。

楊元素題蒙泉詩云源有雌雄分碧白注謂南泉色白為雌因為之解嘲二絕句〔1〕

其一

小孤寧有匹，織女自無家。浪比人間世，增添白玉瑕。

其二

雄風波不動，雌霓影空垂〔2〕。欲洗蒙泉謗，須刪蜀客詩。

〔校注〕

〔1〕楊元素：楊繪，字元素。《宋史》卷三二二本傳：「楊繪字元素，綿竹人。進士上第，通判荊南。以集賢校理為開封推官。神宗立，召修起居注、知制誥、知諫院。擢翰林學士，為御史中丞。時安石用事，賢士多謝去。遂罷為侍讀學士、知亳州，歷應天府、杭州。再為翰林學士。數月，分司南京，改提舉太平觀，起知興國軍。元祐初，復天章閣待制，再知杭州。卒，年六十二。」蒙泉：在荊門軍（今荊門）象山東麓。《輿地勝紀》卷七十八「荊門軍」之「蒙泉詩」：源有雌雄分碧白。楊繪《惠泉》詩注曰：「一派白謂之雄，一派碧謂之雌。」惠泉，亦在荊門象山東麓，屬溫泉。

〔2〕雌霓：即雌蜺；虹有二環時，內環色彩鮮盛為雄，名虹；外環色彩暗淡為雌，名蜺，即霓，今稱副虹。

端午日應賢小集戲用坐中語

短檠長憶桂岩東〔1〕，翰墨新來莫論功。日日簿書成俗吏，星星鬢髮逼衰翁。公祠難緩三人帶，小壘聊吟一馬驄。共飲昌蒲修故事〔2〕，山肴野蔌是家風〔3〕。

〔校注〕

〔1〕短檠：矮燈架，借指小燈。桂岩：王十朋在金溪讀書經過的梅嶼山之前崖，有其手書的摩崖石刻「桂岩」二字。

〔2〕昌蒲：即菖蒲。昌，通「菖」。多年生草本植物。此指菖蒲酒，亦稱「菖華酒」「菖花酒」，省稱「蒲酒」「菖蒲」。以菖蒲浸泡的酒。古俗於端午節時飲用，謂可消災辟邪。南朝梁宗懍《荊楚歲時記》：「以菖蒲或鏤或屑以泛酒。」元陳元靚《歲時廣記》卷二十一：「坡（蘇軾）詞注云：近世五月五日，以菖蒲漬酒而飲。《左傳》云：享有菖歜。注云：菖蒲也。古詞云：旋酌菖蒲酒，靈氣滿芳樽。章簡公《端午帖子》云：菖華泛酒堯樽綠，菰葉縈絲楚粽香。王沂公《端午帖子》云：願上菖花酒，年年聖子心。菖華，菖蒲別名也。」

〔3〕山肴野蔌：歐陽修《醉翁亭記》「臨溪而漁，溪深而魚肥；釀泉為酒，泉香而酒洌；山肴野蔌，然而前陳者，太守宴也。」山肴，野味；蔌，菜蔬。

春雪再作戲成絕句

常年窮臘無一白〔1〕，盈尺冬來已屢書。底事天公太手熟，又同春絮到階除。

〔校注〕

〔1〕窮臘：古代農曆十二月臘祭百神之日，後以指農曆年底。唐楊凌《鍾陵雪夜酬友人》詩：「窮臘催年急，陽春怯和歌。」

次韻景盧野處解嘲之什〔1〕

地偏不接市廛聲〔2〕，古木參天鶴唳清。臺榭迥窮千里目，詩章突過五言城。花移瓊樹真無敵，酒換金貂未足榮〔3〕。燈火歸時笙管作，解嘲何事有歌行。

〔校注〕

〔1〕景盧：洪邁。洪适有三兄弟，洪适，字景伯。洪遵，字景嚴。洪邁，字景盧。

〔2〕市廛（chán）：指店鋪集中的市區。

〔3〕金貂：漢以後皇帝左右侍臣的冠飾。亦有用金貂代指侍從貴臣者。

再賦

幽壑藏雲水作聲，紉蘭入室好風清〔1〕。高蜚便有縹縹意〔2〕，進築如開蕩蕩城。百尺樓成同日涉，四時花發匪朝榮。園池如許誰言小，但放芻蕘雉兔行〔3〕。

〔校注〕

〔1〕自注：雲壑、蘭室皆野處所名。

〔2〕《史記·蘇秦列傳》：秦王曰：「毛羽未成，不可以高蜚；文理未明，不可以併兼。」高蜚：蜚，同「飛」。高高飛翔；飛得很高。

〔3〕但，自注：平聲。　　芻蕘（chú ráo）：割草採薪之人。

酬景盧賦圃中種橘移花

甕頭玉友已銷聲〔1〕，小試山齋百末清〔2〕。十客對花休避席，千奴呼橘擬專城。微霜到處葉未落，小雨移來根易榮。情話團欒亦終日〔3〕，坐中惟欠十般行〔4〕。

〔校注〕

〔1〕甕頭：剛釀成的酒；玉友：白酒的別名，亦泛指美酒。

〔2〕百末：借指百末美酒。

〔3〕團欒：環繞貌，宋范成大《次韻平江韓子師見寄》：「有情碧嶂團欒繞，無數朱樓縹緲臨。」

〔4〕自注：景孫有小鬟，解作此戲，是日不至。

戲孫陳二弟〔1〕

其一

城東卜築有期無，須為簷楹動百株。可忍非時歸爨下〔2〕，合尖何似助浮圖〔3〕。

〔校注〕

〔1〕孫陳二弟：指景孫、景陳二弟。

〔2〕爨（cuàn）下：廚房。

〔3〕合尖：造塔工程最後一著為塔頂合尖，故以「合尖」喻克成大功的最後一步工作。

其二

古城栽種畏人知，定是根盤不可移〔1〕。車載斗量稗販走，果綱卻有入州時〔2〕。

〔校注〕

〔1〕自注：《酉陽雜俎》木中根固柿為最俗，謂之柿盤。

〔2〕大量的小販和大批的水果運輸。

其三

傍巇經營雜果園，翻愁它日逐王孫。不如種竹招風月，此意難逢俗子言。

其四

林居草創名花少，柳徑苔生過客猜。不管空言無實惠，只嫌巧取近嗟來〔1〕。

〔校注〕

〔1〕嗟來：「嗟來之食」的略語。原指憫人飢餓，呼其來食。後多指侮辱性的施捨。《禮記‧檀弓下》：「齊大饑，黔敖為食於路，以待餓者而食之。有餓者蒙袂輯屨，貿貿然來。黔敖左奉食，右執飲，曰：『嗟！來食。』揚其目而視之曰：『予唯不食嗟來之食，以至於斯也！』從而謝焉，終不食而死。」

再賦

其一

外求它壤曾攀桂〔1〕，近捨家園尚守株。待得枝頭如赤柰〔2〕，卻來看我百花圖。

〔校注〕

〔1〕攀桂：意思與「折桂」相同，漢淮南小山《招隱士》：「攀援桂枝兮聊淹留。」後以「攀桂」指科舉考試登第。

〔2〕自注：《廣志》林禽花似赤柰。　　赤柰（nài）：果名。一種赤色的柰。也稱丹柰、朱柰，俗稱花紅，似蘋果而小。《本草綱目・果一・柰》：「（柰）樹、實皆似林檎而大，西土最多，可栽可壓。有白、赤、青三色，白者為素柰，赤者為丹柰，亦曰朱柰，青者為綠柰，皆夏熟……今關西人以赤柰、楸子取汁塗器中，暴乾，名果單是矣。」

其二

圖在前村若個知，山逢愚叟會須移。前言戲耳君休怪，七絕成陰自有時〔1〕。

〔校注〕

〔1〕自注：《雜俎》柿有七絕。

其三

何人種柳成門巷，幾處看花到子孫〔1〕。且盡山齋一杯酒，此君相對已忘言。

〔校注〕

〔1〕自注：高適詩：「門前種柳成深巷。」羅鄴詩：「買栽池館愁無地，看到子孫能幾家。」

其四

長慚無地起樓臺〔1〕，覓果尋花頗受猜。且向園林聊寓意，不教絲管逐人來。

〔校注〕

〔1〕無地起樓臺：宋寇準出入為相三十年，不營私第，魏野贈詩曰：「有官居鼎鼐，

無地起樓臺。」當官的人身價地位都會提高，沒有土地，房子也會有的，北人因稱「無地起樓臺相公」。

戲景盧

千橘亭前莫聽聲，豈無鄰酌和汾清〔1〕。輕裾長袖閑列屋，碧瓦朱甍高照城。臺上金波催夜集，樓邊玉樹待春榮。賞花斫鱠言猶在，還被題輿誚卻行〔2〕。

〔校注〕

〔1〕自注：齊武成敕河南王曰：吾飲汾清二杯，勸汝鄰酌兩碗。　汾清：當時的「乾和酒」「乾釀酒」或「乾酢酒」，宋時，汾州杏花村酒家林立，產銷兩旺，每年端午節都要舉辦「花酒會」。

〔2〕題輿：東漢周景任豫州刺史時，嘗辟陳蕃（字仲舉）為別駕。蕃辭不就。景題別駕輿曰：「陳仲舉座也。」不復更辟。蕃惶懼，起視職。事見《太平御覽》卷二六三引三國吳謝承《後漢書》。後遂用作典故，以「題輿」謂景仰賢達，望其出仕；卻行：倒退而行。《戰國策·燕策三》：「太子跪而逢迎，卻行為道。」

宗人應賢婺源張氏之婿也治邑清介一無所私其列岳詒書郡幕至以邑尊稱之其里諺如此戲成絕句〔1〕

自昔為門婿〔2〕，於今是邑尊。秋毫無假借〔3〕，情話與誰論〔4〕。

〔校注〕

〔1〕治邑清介：治理地方清正耿直；列岳詒書：高位重者寄書。

〔2〕門婿：入贅的女婿。

〔3〕秋毫：亦作「秋豪」。鳥獸在秋天新長出來的細毛。喻細微之物。《商君書·錯法》：「夫離朱見秋豪百步之外，而不能以明目易人。」

〔4〕情話：知心話。晉陶潛《歸去來兮辭》：「悅親戚之情話，樂琴書以消憂。」

周麟之

　　周麟之（1118～1164），字茂振，祖為郫（今四川郫縣）人，因仕宦徙居
海陵（今江蘇泰州）。高宗紹興十五年（1145）進士，調常州武進縣尉。十八
年，復中博學宏詞科，授太學錄兼秘書省校勘、敕令所刪定官。二十九年，為
翰林學士，兼修國史，兼侍讀，權刑部侍郎，充出使金國奉表哀謝使。三十
年，權吏部尚書，繼除同知樞密院事（《宋宰輔編年錄》卷一四）。明年，因上
疏辭免再使金，責授秘書少監，分司南京，筠州居住。擅長駢麗文章，又久在
館閣掌誥命，故其集中以內外製詞、表啟為多。著有《海陵集》二十三卷。今
錄戲謔詩 11 首。

戲呈瑫禪師〔1〕

　　我來何幸識支郎，百丈峰頭寶月光。質薄自憐非燕頷〔2〕，途窮誰信
是龜腸〔3〕。漸看鬢底千絲白，敢說眉間一點黃。坐見錦溪秋水闊〔4〕，
不知何日理歸艎〔5〕。

〔校注〕

〔1〕瑫禪師：不詳何人。《天童寺志》載有「玉溪思瑫禪師」，但是元代人，時代相
　　　隔較遠。其云：「諱思瑫，四明張氏子，首參雪峰於徑山，次謁止泓於天童。」
　　　支郎：此指瑫禪師。

〔2〕燕頷：東漢名將班超自幼即有立功異域之志。相士說他「燕頷虎頸」，有封「萬
　　　里侯」之相。後奉命出使西域三十一年，陸續平定各地貴族的變亂，官至西域
　　　都護，封定遠侯。見《後漢書・班超傳》。後以「燕頷」為封侯之相。

〔3〕龜腸：古人以為龜吸氣而生，不食一物，因以喻饑腸。《南齊書・王僧虔傳》：
「九流繩平，自不宜獨苦一物，蟬腹龜腸，為日已久。」

〔4〕錦溪：在崑山市西南。是著名的江南水鄉與古鎮。

〔5〕歸艎：猶歸舟。《文選・謝朓〈拜中軍記室辭隋王牋〉》：「唯待青江可望，候歸
艎於春渚。」

辛酉大雪戲成十詩以千山鳥飛絕萬徑人蹤滅為韻〔1〕

其一

北風夜卷地，凍雲曉黏天。黃竹歌未終，飛霰集我前。森羅崑山璧
〔2〕，零亂淮夷蠙〔3〕。縛賊懸瓠城〔4〕，安得兵三千。

〔校注〕

〔1〕辛酉：即紹興十一年（1141）。

〔2〕森羅：謂樹木繁蔚雜陳。唐張九齡《商洛山行懷古》詩：「碩人久淪謝，喬木
自森羅。」

〔3〕淮夷：古代居於淮河流域的部族。《書・費誓》：「徂茲淮夷，徐戎並興。」

〔4〕懸瓠：古城名。以城北汝水屈曲如垂瓠，故名。隋唐為蔡州治所。唐憲宗元和
十二年，李愬雪夜進軍，擒吳元濟於此。後泛指擒敵之處。

其二

跨驢遊灞橋〔1〕，策馬阻藍關。詩人自清苦，逐客何當還。我獨擁敝
繭，高臥環堵間。黃精已無苗〔2〕，斸雪思舊山。

〔校注〕

〔1〕灞橋：橋名。本作霸橋。據《三輔黃圖・橋》：霸橋，在長安東，跨水作橋。
漢人送客至此橋，折柳贈別。

〔2〕黃精：又名雞頭黃精、黃雞菜、筆管菜。為黃精屬植物，根莖橫走，圓柱狀，
結節膨大。葉輪生，無柄。藥用植物，具有補脾，潤肺生津的作用。

其三

松桂亦華顛〔1〕，瓦石背玉表〔2〕。造物不作難，夜半月出皎。書窗
互照映，甕牖驚易曉〔3〕。舉頭忽彌望，萬里絕飛鳥。

〔校注〕

〔1〕華顛：人年老頭髮花白。代指老年。《後漢書·崔駰傳》：「唐且華顛以悟秦，
甘羅童牙而報趙。」

〔2〕背，叢刻本作「皆」。

〔3〕甕牖：以破甕為窗，指貧寒之家。《禮記·儒行》：「篳門圭窬，蓬戶甕牖。」
鄭玄注：「以甕為牖。」孔穎達疏：「又云：以敗甕口為牖。」

其四

復帳薿香篝〔1〕，綺席羅妓圍。焉知蓽門子〔2〕，清哦袖鶉衣〔3〕。臘
白三日寒，遽使晝掩扉。愁思已如許，共作風絮飛。

〔1〕香篝：薰籠。唐陸龜蒙《奉和襲美茶具十詠·茶塢》：「遙盤雲髻慢，亂簇香篝
小。」

〔2〕蓽門：即蓬門。用蓬草等編成的簡陋的門。

〔3〕鶉衣：破爛的衣服。鶉尾禿，故稱。語本《荀子·大略》：「子夏貧，衣若縣鶉。」

其五

舊聞沙漠寒，磧鹵一丈雪〔1〕。誰憐牧羝人〔2〕，白首持漢節〔3〕。朝
廷北顧憂，歲晚不忍說。寄言上林雁〔4〕，何事音信絕。

〔校注〕

〔1〕磧鹵：含鹽鹼多沙石的地方。《文選·班固〈封燕然山銘〉》：「遂凌高闕，下雞
鹿，經磧鹵，絕大漠。」李周翰注：「磧，石地；鹵，鹹地也。」

〔2〕牧羝：蘇武牧羊的典故。漢蘇武出使匈奴，單于脅迫他投降，蘇武不屈服。後
來把他流放到「北海上無人處，使牧羝（公羊），羝乳乃得歸。」羝根本不會
產乳，以此來斷絕他回漢的希望。蘇武在匈奴堅持了十九年，「及歸，鬚髮皆
白」。見《漢書·蘇武傳》。

〔3〕漢節：漢天子所授予的符節。蘇武在匈奴十九年不忘拿著漢武帝賜給他的漢節，
不忘自己漢使的身份。

〔4〕上林雁：《漢書·蘇武傳》：「（常惠）教使者謂單于，言『天子射上林中，得雁，
足有繫帛書，言武等在某澤中。』使者大喜，如惠語以讓單于。」

其六

堆盤水精鹽〔1〕，翻匙雲子飯〔2〕。年年六出花〔3〕，不必以瑞獻。浪言平地尺，貧亦非所願。愁無儋石儲〔4〕，安敢擲百萬。

〔校注〕

〔1〕水精鹽：亦作「水晶鹽」。一種晶瑩明澈如水晶的鹽。

〔2〕雲子飯：唐杜甫《與鄠縣源大少府宴渼陂》有「飯抄雲子白，瓜嚼水精寒」之句，以雲子（神仙所食）形容飯之白，以水精（即水晶）形容瓜之美。

〔3〕六出花：亦稱「六出公」。雪花的別稱。

〔4〕無儋石：謂少量存糧也沒有，形容家貧。《漢書・揚雄傳上》：「（揚雄）家產不過十金，乏無儋石之儲。」顏師古注：「應劭曰：『齊人名小甖為儋，受二斛。』晉灼曰：『石，斗石也。』……或曰，儋者，一人之所擔負也。」

其七

林梢宿鴉翻，未覺煙樹暝。瀟瀟打窗聲，慣向雲屋聽〔1〕。冰結積已深，風收舞初定。凌晨出門喜，折屐印樵徑〔2〕。

〔校注〕

〔1〕雲屋：隱者或出家人的居處。

〔2〕折屐：《晉書・謝安傳》：「玄等既破堅，有驛書至，安方對客圍棋，看書既竟，便攝放床上，了無喜色，棋如故。客問之，徐答云：『小兒輩遂已破賊。』既罷，還內，過戶限，心喜甚，不覺屐齒之折。」後以「折屐」形容狂喜。樵徑：打柴人走的小道。

其八

吾無千金裘〔1〕，為博麴米春〔2〕。床頭臘甕熟，漉以淵明巾〔3〕。飲少輒至醉，醉眼迷天垠。沖寒望南巷〔4〕，不見披氅人。

〔校注〕

〔1〕千金裘：珍貴的皮衣，語出《史記・孟嘗君列傳》：「此時孟嘗君有一狐白裘，直千金，天下無雙。」

〔2〕麴米春：酒名，唐杜甫《撥悶》詩：「聞道雲安麴米春，纔傾一盞即醺人。」

〔3〕淵明巾：陶淵明用頭巾漉酒之典。

〔4〕沖寒：冒著寒冷，唐杜甫《小至》詩：「岸容待臘將舒柳，山意沖寒欲放梅。」

其九

千騎射獵軍，一蓑垂釣翁[1]。寒江與曠野，得意應無窮。顧我俱未暇，緩步聊倚筇[2]。惜此連璐白[3]，浼以雞犬蹤。

〔校注〕

〔1〕垂釣翁：指輔佐周武王滅殷的太公望（呂尚）。唐李白《效古》詩之一：「早達勝晚遇，羞比垂釣翁。」王琦注：「垂釣翁謂呂尚，年八十釣於渭濱，始遇文王。」

〔2〕倚筇：拄著竹杖，宋黃庭堅《庚寅乙未猶泊大雷口》詩：「倚筇蒹葭灣，垂楊欲生肘。」

〔3〕連璐：成串的玉，《文選·謝惠連〈雪賦〉》：「於是臺如重璧，逵似連璐。」

其一〇

佛衣珠唾飛[1]，撼樹縞裙裂。巡簷索梅笑[2]，敧枕聽竹折。念此積雪寒，憂世心愈切。夜分耿不寐，風燈半明滅。

〔校注〕

〔1〕珠唾：喻名言，佳作。宋張元幹《夏雲峰·丙寅六月為筠翁壽》詞：「錦腸珠唾，鍾間氣，卓犖天才。」

〔2〕巡簷：來往於簷前；唐杜甫《舍弟觀赴藍田取妻子到江陵喜寄》詩之二：「巡簷索共梅花笑，冷蘂疏枝半不禁。」

韓元吉

　　韓元吉（1118～1187），字无咎，號南澗，開封雍邱（今河南開封市）人，一作許昌（今屬河南）人，後徙居信州上饒（今屬江西）。孝宗朝累官吏部尚書、龍圖閣學士，後封潁川郡公。與朱熹友善，曾與葉夢得、曾幾、陳亮、陸游、范成大、辛棄疾等人詩詞唱和。著有《南澗甲乙稿》《南澗詩餘》。今錄戲謔詩 27 首。

明遠次韻超然談道因以謔語為戲將無同耶〔1〕

　　忘機亦忘言〔2〕，政作口掛壁。因君強一語，習氣乃乘隙。昨夕飲君家，看朱忽成碧。醉歸城南路，不記足所歷。尚想兩紅妝，翠袖香襞積〔3〕。我歌君為舞，舉手還恨窄。詩成漫不省，歎我真惡客。剩肯來看山，未厭一水隔。

〔校注〕

〔1〕明遠：沈明遠，名作喆。吳興歸安（今浙江湖州）人。紹興五年（1135）進士，曾在維揚（今揚州）為官。秦檜主和，凡言戰者一律解除兵權，賜田勸退。明遠為岳飛作謝表，秦檜讀後不樂。以左奉議郎轉江西屬官。任滿後待換新職，閒時題詩在扇，被魏良臣所得，坐奪三官，由是屏居山中，鬱鬱不得志。常閉門作書，或接待名流，或觸詠自娛。有《一斗徑醉撰己意》若干卷、《寓簡》十卷、《寓山集》三十卷。

〔2〕忘機：忘卻計較或巧詐之心。指自甘恬淡與世無爭。忘言：指心領神會，無須用言語來表達。莊子外物：「言者所以在意，得已而忘言」。

〔3〕襞（bi）積：襞，衣裙上的褶子。指長久內藏積攢。

檢詳出示所賦陳季陵戶部巫山圖詩仰窺高作歎息彌襟范成大嘗考宋玉談朝雲事漫稱先王時本無據依及襄夢之命玉為賦但云頮薄怒以自持曾不可乎犯干後世弗察一切溷以媟語曹子建賦宓妃亦感此而作此嘲誰當解者輒用此意次韻和呈以資拊掌〔1〕

瑤姬家山高插天〔2〕，碧叢奇秀古未傳。向來題目經楚客〔3〕，名字徑度岷峨前〔4〕。是耶非耶莽誰識，喬林石廟常秋色。暮去行雨朝行雲，翠帷瑤席知何人〔5〕。峽船一息且千里，五兩竿頭見幡尾。仰窺仙館至今疑，行人問訊居人指。千年遺恨何時伸，陽臺愁絕如荒村。高唐賦里人如畫〔6〕，玉色頮顏元不嫁〔7〕。後來饞客眼長寒，浪傳樂府吹復彈。此事牽連到溫洛〔8〕，更憐塵襪有無間。君不見天孫住在銀河滸〔9〕，塵間猶作兒女語。公家春風錦瑟傍，莫為此圖虛斷腸。

〔校注〕

〔1〕又見於范成大詩集。題目「檢詳」前多出「韓元吉」三字。陳季陵：即陳天麟，字季陵。宣城（今屬安徽）人。紹興進士。累官集賢殿修撰，歷知饒州、襄陽、贛州。後任集英殿修撰。有《易三傳》《西漢南北史左氏綴節》《攖寧居士集》。辛棄疾有《滿江紅（贛州席上呈陳季陵太守）》詞。

〔2〕瑤姬：（巫山神女）是中國古代神話傳說中居於巫峽一帶的神女。《巫山縣志》稱其為南方天帝赤帝（炎帝）之女，未嫁而死，葬於巫山之陽，精魂化為靈芝。

〔3〕楚客：唐宋詩詞中的一個代名詞。屈原忠而被謗，身遭放逐，流落他鄉，故稱「楚客」。

〔4〕岷峨：岷山和峨眉山的並稱。或特指峨眉山，以其在岷山之南，故稱。

〔5〕翠帷：翠羽為飾的幃帳。瑤席：形容華美的席面，設於神座前供放祭品。一說指用瑤草編成的席子。

〔6〕《高唐賦》：以寫景為主，大量筆墨描寫巫山地區山水風物。

〔7〕玉色：玉的顏色。比喻容色不變。也比喻堅貞的操守。頮（pīng）顏：美好的容顏。

〔8〕溫洛：古代傳說，謂王者如有盛德，則洛水先溫，故稱「溫洛」。南朝梁劉勰《文心雕龍·正緯》：「贊曰：榮河溫洛，是孕圖緯。」范文瀾注引《易乾鑿度》：「帝盛德之應，洛水先溫，六日乃寒。」南朝梁任昉《九日侍宴樂遊苑》詩：「時來濁河變，瑞起溫洛清。」《隋書·天文志序》：「昔者榮河獻籙，溫洛呈圖。」

〔9〕天孫：即織女。古星名。共三星，屬天市垣，在銀河西，與河東牽牛星相對。
神話傳說謂織女為天帝孫女，常年織造雲錦，自嫁與牛郎後，織乃中斷。天帝
大怒，責令其與牛郎分離，只准每年七夕（陰曆七月七日）相會一次。《詩·
小雅·大東》：「跂彼織女，終日七襄。」漢應劭《風俗通》佚文十四：「織女
七夕當渡河，使鵲為橋。」《文選·曹植〈洛神賦〉》「歎匏瓜之無匹兮，詠牽
牛之獨處」李善注引三國魏曹植《九詠注》：「牽牛為夫，織女為婦。牽牛、織
女之星各處河鼓之旁，七月七日，乃得一會。」

少稷勸飲每作色明遠忽拂袖去戲呈〔1〕

　　無多酌我蓋司隸〔2〕，不能滿觴田將軍〔3〕。坐中幸免沐猴舞，且復
周旋非貴人。人言勸飲無惡意，君胡作惡使客起。少陵亦遭田父肘〔4〕，
況我忘形友君子。從今勿勸亦勿辭，我欲眠時君自歸。先生一斗一石醉，
莫問喧爭與嘲戲。

〔校注〕

〔1〕少稷：尹稷，字少稷。兗州（今屬山東）人。建炎中南渡，徙居信州玉山（今
屬江西）。紹興三十二年（1162），為樞密院編修官，賜進士出身。孝宗時，歷
任監察御史、右正言、殿中侍御史、諫議大夫等職。附和史浩，力主和議，壓
制抗金派，遭到朝臣猛烈抨擊。不久，因主和派失勢，遂被罷官。

〔2〕蓋司隸、沐猴舞：《漢書》卷七十七《蓋寬饒傳》：蓋寬饒為司隸校尉。「平恩
侯許伯入第，丞相、御史、將軍、中二千石皆賀，寬饒不行。許伯請之，乃往，
從西階上，東鄉特坐。許伯自酌曰：『蓋君後至。』寬饒曰：『無多酌我，我乃
酒狂。』丞相魏侯笑曰：『次公（寬饒字次公）醒而狂，何必酒也！』坐者皆
屬目卑下之。酒酣樂作，長信少府檀長卿起舞，為沐猴與狗鬥，坐皆大笑。寬
饒不悅……劾奏長信少府以列卿而沐猴舞，失禮不敬。」

〔3〕滿觴：《史記·魏其武安侯列傳》：「飲酒酣，武安起為壽，坐皆避席伏。已魏
其侯為壽，獨故人避席耳，餘半膝席。灌夫不悅，起行酒，至武安，武安膝席
曰：『不能滿觴。』」田將軍：指田穰苴，以治軍嚴明著稱，齊景公派來的監軍
賈莊因喝酒遲到被田穰苴殺了，軍中士氣大振。

〔4〕田父肘：杜甫《遭田父泥飲，美嚴中丞》：「高聲索果栗，欲起時被肘。」想起
身時，被田父拉著胳膊不放。

戲韓子師〔1〕

讀書堂前霜月明，讀書堂後霜風聲。主人讀書已萬卷，足踏省戶還專城〔2〕。揭來掩關臥不出〔3〕，左擁韋編右瑤瑟〔4〕。似聞天女亦愛靜，便喜蘭房長英物〔5〕。我舍應門纔一兒，趙子尤作仙果遲。白頭相看輒浩歎，玉樹獨滿君家墀。我歌聲長君且聽，不特交遊幸同姓。極知玉盎有新醅〔6〕，每恨金觴乃無柄〔7〕。從君泥飲不作難〔8〕，景物過清天復寒。犀錢湯餅未免俗〔9〕，琵琶與箏當合彈。

〔校注〕

〔1〕韓子師：韓彥古，字子師，延安（今屬陝西）人。南宋抗金名將、蘄王韓世忠少子。紹興中，為右承事郎、直秘閣。孝宗朝，歷知嚴州、臨安、平江，官至戶部尚書。紹熙三年（1192）卒。

〔2〕專城：《宋書》卷二一《樂志三》：《豔歌羅敷行》古詞：「三十侍中郎，四十專城居。」（按，詩題一作《陌上桑羅敷行》，見《藝文類聚》卷四一）《文選》卷五七晉·潘安仁（岳）《馬汧督誄序》：「剖符專城。」唐張詵注：「專，擅也。擅一城也，謂守宰之屬。」即主宰一城。漢魏時有郡守專城的說法。後世常用「專城」喻指州郡長官。

〔3〕掩關臥，原作臥掩關，據聚珍本乙。　　揭來：猶言來。歸來、來到。《文選·陸機〈弔魏武帝文〉》：「詠歸塗以反旆，登崤澠而揭來。」呂延濟注：「揭來，言歸去來也。」

〔4〕韋編：泛指古籍。瑤琴：用玉裝飾的琴。

〔5〕蘭房：蘭香氳氳的精舍。英物：傑出的人物。

〔6〕新醅：新釀的酒。唐白居易《問劉十九》詩：「綠蟻新醅酒，紅泥小火爐。晚來天欲雪，能飲一杯無？」金觴：金製的酒杯。

〔7〕自注：事見趙子。

〔8〕泥飲：猶痛飲。

〔9〕犀錢：洗兒錢。宋蘇軾《減字木蘭花》詞：「維熊佳夢，釋氏、老君親報送……犀錢玉果，利市平分沾四座。」自注：「過吳興，李公擇生子，三日會客，作此詞戲之」。按：犀角黃，錢色近似，故稱犀錢。湯餅：湯煮的麵食。

戲贈范元卿〔1〕

憶昔苕溪醉中語〔2〕，屈指淒涼十寒暑。紛紜世事去如雲，兩鬢蒼蒼各如許。春風學省數會面，抗袂吁嗟走塵土〔3〕。我慚屢戰不能奇，袖手歸來僕旗鼓。喜君射策有新功〔4〕，雙鵠聯翩仍一舉。胡為不上金馬門〔5〕，簿領卑棲猶噲伍〔6〕。風前未厭鸕鵝漵〔7〕，筆下懸玄鳳凰吐。閩山千里要佳句，應弔雙龍一懷古。元戎好士見此客，定肅弓刀按歌舞。素英丹荔雖已過〔8〕，海珍正可羅樽俎。鷓鴣勾舟木葉墮，秋晚上寒更風雨。請君強飯趣歸程，莫為梅花思羈旅。

〔校注〕

〔1〕范元卿：即范端臣，字元卿，學者稱之為蒙齋先生。蘭溪（今浙江）人。宋紹興進士，官至中書舍人。工詩，造句精妙，文詞典雅，多寫閒適生活。又善書法，篆、楷、草、隸亦造其妙。

〔2〕苕溪：水名。又稱霅溪、霅川、霅水，是浙江省西北部一條河流，注入太湖。

〔3〕抗袂：舉起衣袖。抗，舉。袂，古代衣袖統稱為袂。

〔4〕射策：漢代取士之制。射策由主試者出試題，寫在簡策上，分甲、乙科，列置案上，應試者隨意取答，主試者按題目難易和所答內容而定優劣。上者為甲，次者為乙。射，投射之意。

〔5〕金馬門：漢代宮門名。又名金馬、金馬客、金門。漢武帝得大宛馬，乃命善相馬者東門京以銅鑄像，立馬於魯班門外，因稱金馬門。《史記·滑稽列傳·東方朔傳》：「（朔）時坐席中，酒酣，據地歌曰：『陸沉於俗，避世金馬門。宮殿中可以避世全身，何必深山之中，蒿廬之下。』金馬門者，宦者署門也，門傍有銅馬，故謂之曰：『金馬門』。」漢代文人東方朔、主父偃、嚴安、徐樂皆待詔於此，為朝廷所用。後遂沿用為官署或朝廷的代稱，並用於詠士人入仕之典。

〔6〕簿領：登記的文簿。《文選》三國魏劉公幹（楨）雜詩：「沉迷簿領書，回回自昏亂」。注：簿領，謂文簿而記錄之。　噲伍：《史記·九二淮陰侯傳》：「（韓）信嘗過樊將軍噲，噲跪拜送迎，言稱臣。……信出門，笑曰：生乃與噲等為伍！」意思是鄙視樊噲，不屑和他為伍。後因以「噲伍」為平庸之輩的代稱。

〔7〕鸕鵝：水鳥名，雁的一種。

〔8〕素英：白花。唐李紳《橘園》詩：朱實摘時天路近，素英飄處海雲深。　丹荔：荔枝色紅，故別名丹荔。

土人池中有新荷戴錢而出者少稷明遠相率賦詩戲作長句

君不見紫髯將軍射無敵〔1〕，志目中眉猶動色。晚年驚見賣油翁，一線穿錢曾不失。人言手熟會當爾，世事由來真一劇。紛紛刻楮技已窮，厭看人力須天工。湘妃撫掌漢女笑〔2〕，為我試手馮夷宮〔3〕。芙渠生葉不自展〔4〕，胡為正在阿堵中。青銅翠羽光相映，莫遣遊魚動荷柄。芳心滿眼誰得知，坐使詩人發嘲詠。我言羞澀囊久空，井中飛蚨那得逢。不如青鴨為銜去〔5〕，剩買明月酬清風。

〔校注〕

〔1〕紫髯將軍：《獻帝春秋》云：孫權「紫髯將軍，長上短下」。「紫髯」，即兩腮長滿了紫黃的鬍鬚。有人認為孫權有返祖現象，祖先有北方游牧民族的血統。

〔2〕湘妃：相傳為帝堯之二女，帝舜之二妃，名曰娥皇、女英。相傳二妃沒於湘水，遂為湘水之神。

〔3〕馮夷宮：傳說中的水府，水神宮殿。馮夷：傳說中的水神名。

〔4〕芙藻：亦作「芙渠」。荷花的別名。《爾雅·釋草》：「荷，芙渠。其莖茄，其葉蕸，其本蔤，其華菡萏，其實蓮，其根藕，其中的，的中薏。」郭璞注：「芙渠，別名芙蓉，江東呼荷。」

〔5〕青鴨：綠頭鴨。唐張籍《酬白二十二舍人早春曲江見招》：「紫蒲生濕岸，青鴨戲新波。」

晚登凌風亭戲作〔1〕

咄咄真成了事癡，功名何在鬢霜垂。清談安得如夷甫〔2〕，佳句無勞發愷之〔3〕。山色倚江秋更好，煙光連市晚偏宜。田園底許歸能決，且擷黃花付酒卮。〔4〕

〔校注〕

〔1〕凌風亭：亭名，在福建建安，韓元吉有登凌風亭題名錄。其還有《送陸務觀福建提倉》：「領略溪山須妙語，小迂勤旌節上凌風。」此詩原注：「僕為建安宰，作凌風亭。」

〔2〕清談：即玄談。指魏晉間何晏、王衍等崇尚老莊，競談玄理，成為一時風氣。夷甫：指西晉時期著名清談家王衍。

〔3〕愷之：指東晉名士顧愷之。

〔4〕自注：王夷甫清談終日，縣務亦理，口未嘗言錢。顧愷之見張融《海賦》云：
　　但恨不道鹽耳。因增熬波之句。二事皆所困者，因以自哂。　　酒卮：指盛酒
　　的器皿。

范良臣見過云有食粥之憂以斛米助之因得長句

　　捄饑豈復衛文子〔1〕，闕食尚憐顏魯公〔2〕。定知啜粥可餬口，未至
復疾號山芎。東方千牘羨飽死，顏氏一瓢嗟屢空。我家無錢但斛粟，與
子共坐詩能窮。〔3〕

〔校注〕

〔1〕衛文子：衛卿，娶蒯聵子為妻。

〔2〕顏魯公：顏真卿，字清臣，封魯郡公，世稱「顏魯公」，唐代著名書法家。他
　　的書法豐腴雄渾，結體寬博而氣勢恢宏，骨力遒勁而氣概凜然，被稱為「顏體」，
　　與柳公權並稱「顏柳」。

〔3〕自注：世傳兩貧士為鄰，其一有饋之斗粟者，抖擻篋中，僅得數錢，以勞其持
　　饋。至夜，鄰士叩門，假一二錢市油誦書，則歡謝曰：盡之矣。既而愧甚，曰：
　　尚有斛斗，可分子也。故用為戲。

伏日諸君小集沈明遠以小疾不預作詩戲之

　　廣文官冷酒錢空〔1〕，平日清樽一笑同。苦憶車公來座上〔2〕，翻成
王老隱牆東〔3〕。定中示病應非病，詩裏能窮有底窮〔4〕。涼月滿天新雨
足，試憑欖語愈頭風〔5〕。

〔校注〕

〔1〕廣文：「廣文先生」的簡稱。泛指清苦閒散的儒學教官。

〔2〕車公：《晉書‧車胤傳》：「〔車胤〕又善於賞會，當時每有盛坐而胤不在，皆云
　　『無車公不樂』」。本指東晉時善於聚集賓客玩賞的車胤，後亦指善於集會遊賞
　　之人。

〔3〕王老：對老者的敬稱。牆東：《後漢書‧逸民傳‧逢萌》：「君公遭亂獨不去，
　　儈牛自隱。時人謂之論曰：『避世牆東王君公。』」後因以「牆東」指隱居之地。

〔4〕有底：猶言有如許或有甚。唐杜甫《可惜》詩：「花飛有底急，老去願春遲。」
　　唐韓愈《曲江春遊寄白舍人》詩：「曲江水滿花千樹，有底忙時不肯來。」

〔5〕愈頭風：《三國志・魏志・王粲傳》「軍國書檄，多琳、瑀所作也」裴松之注引三國魏魚豢《典略》：「琳作書及檄，草成呈太祖。太祖先苦頭風，是日疾發，臥讀琳所作，翕然而起曰：『此愈我病。』數加厚賜。」後以「愈頭風」為稱讚他人詩文傑出之典。唐劉禹錫《贈元九侍御文石枕以詩獎之》：「文章似錦氣如虹，宜薦華簪綠殿中。縱使涼飆生旦夕，猶堪拂拭愈頭風。」

令防得女招飲以病不往走筆戲之

平生諸女重吾貧，敢意君家亦效顰〔1〕。醜惡未妨攘盜賊，長成難議卜比鄰。〔2〕遙憐四十稱郎罷〔3〕，豈惜千金辦主人。美酒尚須留待我，明年應見玉麒麟。

〔校注〕

〔1〕效顰：《莊子・天運》：「故西施病心而顰其里，其里之醜人見而美之，歸亦捧心顰其里，其里之富人見之，堅閉門而不出；貧人見之，挈妻子而去之走。彼知顰美而不知顰之所以美。」後因謂不善摹仿、弄巧成拙為效顰。

〔2〕自注：予與令防昆仲鄰居，比皆得女。

〔3〕郎罷：宋代對「父親」的俗稱。

季元衡寄示三池戲稿〔1〕

文采風流冠一時，三池聊作鳳凰池〔2〕。新詩到處傳桐葉〔3〕，麗唱他年滿竹枝。歸夢故應懷古括〔4〕，清談還喜對峨眉〔5〕。玉堂待草山東詔，解纜春江莫放遲。

〔校注〕

〔1〕季元衡：南壽縉雲人。進士及第，任台州教授。洪邁《夷堅志》「季元衡妾」條有相關事蹟。

〔2〕三池：星名。《晉書・天文志》上：「九坎間十星曰天池，一曰三池，一曰天海」。鳳凰池：亦作鳳皇池。一指皇帝花園中的池沼。魏晉南北朝時為中書省所在地。因中書省掌管機要文件，官員又接近皇帝，故後世遂稱中書省或中書省所屬機要部門為鳳凰池或鳳池。杜審言《送和西蕃使》：「使出鳳凰池，京師陽春晚。」一借指宰相之位，當時宰相名為同中書門下平章事，故稱。劉禹錫《河南觀察使故相國袁公輓歌》：「五驅龍虎節，一入鳳凰池。」

〔3〕傳桐葉：杜牧《題桐葉》：「去年桐落故溪上，把葉偶題歸燕詩。江樓今日送歸
　　燕，正是去年題葉時。」

〔4〕古括：處州之別稱。

〔5〕清談：清雅的言談、議論。峨眉：山名，也作峨嵋。

再用前韻戲傳道

　　空谷天寒翠袖遮，無人曾見玉釵斜。詩成落日千尋竹，歌就殘陽萬
點鴉。妝額淺深知內樣〔1〕，舞衣裁窄勝京華〔2〕。自憐已作高唐夢〔3〕，
須信饑腸眼易花。

〔校注〕

〔1〕內樣：宮內流行的式樣。

〔2〕京華：即京都。因京都是文物、人才彙集的地方，所以稱為京華。

〔3〕高唐：觀名。《文選·戰國楚宋玉〈高唐賦〉序》：「昔者楚襄王與宋玉遊於雲
　　夢之臺，望高唐之觀，其上獨有雲氣」。

陸子逸惠桃花戲贈〔1〕

　　故人招我千山裏，也有仙葩巧送春。麝馥染衣金縷重，酒紅生粉玉
肌勻。洛城景物知誰紀，寒食風光觸處新。莫把天香調行客，曉妝留與
綠窗人。

〔校注〕

〔1〕陸子逸：陸淞，字子逸，號雲溪，山陰（今浙江紹興）人。陸游長兄。曾知辰
　　州。晚以疾廢，卜築於秀野，放傲世間。

市人有弄虎者，兒輩請觀，飼以豚蹄，睹其攫噬，戲作四絕句

其一

　　眈眈出柙小於菟〔1〕，猶意他年見畫圖。養汝由來得無患，卻驚赤手
競編須。

〔校注〕

〔1〕柙（xiá）：關獸的木籠或關押，押解。《說文》：柙，檻也，以藏虎兕。《論語·

季氏》：虎兕出於柙。《菩提寺疏》：實則禽檻豕匣也。於菟（wūtú）：古時楚國人對「虎」的稱呼，《左傳·宣公四年》：「楚人謂乳穀，謂虎於菟。」陸德明釋文：「於，音烏。」《漢書·敘傳上》作「於檡」，顏師古注：「檡，字或作『菟』。」唐杜甫《戲作俳諧體遣悶》詩之二：「於菟侵客恨，粗粃作人情。」

其二

呀然一嘯朔風生[1]，兒女窺簾笑且驚。檻內應憐只搖尾，山中不記舊橫行。

〔校注〕

〔1〕呀然：張口貌；張開貌。唐孫樵《書田將軍邊事》：「吾嘗伺其來，朔風正嚴，緩步坦途，日次一舍，固已呀然汗矣。」

其三

長年肉食定何功，乞汝豚蹄且慰窮。猿臂將軍應老矣[1]，南山忽憶夜彎弓[2]。

〔校注〕

〔1〕猿臂：亦作「猨臂」。《史記·李將軍列傳》：「廣為人長，猨臂，其善射亦天性也。」裴駰集解引如淳曰：「臂如猨，通肩。」唐羅鄴《老將》詩：「弓欺猿臂秋無力，劍泣蚪髯曉有霜。」

〔2〕南山：指終南山，屬秦嶺山脈，在今陝西省西安南。《詩·小雅·節南山》：「節彼南山，維石巖巖。」《漢書·東方朔傳》：「夫南山，天下之阻也。南有江、淮，北有河、渭，其地從汧隴以東，商雒以西，厥壤肥饒。」《舊唐書·李密傳》：「罄南山之竹，書罪未窮，決東海之波，流惡難盡。」

其四

熒熒目色為生寒[1]，蠻獠歌呼意自閒[2]。莫倚便能探虎穴[3]，勢卑還長越王炎。

〔校注〕

〔1〕熒熒：光閃爍貌。唐代杜牧《阿房宮賦》：「明星熒熒，開妝鏡也。」

〔2〕蠻獠：舊時對西南方少數名族的蔑稱。唐玄奘《大唐西域記·迦摩縷波國》：「此國東山阜連接，無大國都，境接西南夷，故其人蠻獠矣。」

〔3〕探虎穴：比喻冒險。語本《後漢書·班超傳》：「不入虎穴，焉得虎子。」

俸金既盡家人間所質物戲答

十載棲遲櫑具客〔1〕，一生憔悴屐廖歌〔2〕。典衣不為沽春酒，平昔無詩博飯籮〔3〕。

〔校注〕

〔1〕棲遲：漂泊失意。唐李賀《致酒行》：「零落棲遲一杯酒，主人奉觴客長壽。」《舊唐書・竇威傳》：「昔孔丘積學成聖，猶狼狽當時，棲遲若此，汝效此道，復欲何求？」櫑（léi）具：即櫑具劍。漢武帝末，郡國盜賊群起，暴勝之為直指使者督課至勃海，時雋不疑為郡文學，勝之聞其賢，遣吏請與相見。不疑冠進賢冠，帶櫑具劍，佩環玦，襃衣博帶，盛服至門上謁。後遂以「櫑具」作為學官的典故。

〔2〕屐廖（yǎn yí）歌：古琴曲名。相傳百里奚在楚為人牧牛，秦繆公聞其賢，以五羊之皮贖之，擢為秦相。其故妻為傭於相府，堂上作樂，婦自言知音，因援琴撫弦而歌曰：「百里奚，五羊皮。憶別時，烹伏雌，炊屐廖；今日富貴忘我為！」見《樂府解題》引漢應劭《風俗通》。

〔3〕飯籮：用竹子編成的裝飯的器具。

西湖絕句戲題

其一

淺白深紅幾樹花，波光浮動竹交斜。怪來詩思清人骨，知是西湖處士家〔1〕。

〔校注〕

〔1〕西湖處士：指隱居西湖孤山的林逋。

其二

流水當階山對門，擬尋茅屋住荒村。誰憐九里松間路，猶有人間市井喧。

其三

人道西湖一曲屏，只應真色畫難成。柳堤竹塢無窮意〔1〕，更著荷花百媚生。

〔校注〕

〔1〕竹塢：竹林茂盛的山塢。

曇花亭供茶戲作二首〔1〕

其一

問訊高真此住家〔2〕，伊蒲未辦且煎茶〔3〕。故應一笑來迎我，五百瓶中總是花。

〔校注〕

〔1〕曇花亭：天台山石樑幽谷中上方廣寺前，有一座面臨絕澗，氣宇軒昂，造型精美的長方形亭閣，叫「曇花亭」。《徐霞客遊記》之《遊天台山日記》云：「過上方廣寺，抵曇花亭，觀石樑奇麗，若初識者。」

〔2〕高真：得道成仙的人。前蜀杜光庭《賈璋醮青城丈人真君詞》：「瑤宮璿闕，深秘於洞裏；翠壁丹崖，仰呀於雲霧。高真之所棲，上聖之所宴遊。」

〔3〕伊蒲：指齋供，素食。《書言故事‧釋教》：「齊供食曰伊蒲饌。」清趙翼《素食招夢樓佩香小集寓齋》詩：「客中破寂賴吟明，小治伊蒲饌尚能。」亦省作「伊蒲」。

其二

一聲鐘磬有無中〔1〕，樓閣山林本自空。不向雲端呈伎倆，猶來盞裏現神通。〔2〕

〔校注〕

〔1〕鐘磬：指鐘、磬之聲。金趙亮功《甘露寺》詩：「別後聞鐘磬，山陰空夕陽。」

〔2〕自注：是夕始聞鐘聲，而金燈不現。　　神通：泛指神奇高超的本領。晉干寶《搜神記》卷一：「左慈，字元放，廬江人也，少有神通。」

明老惠炭戲以二小詩

其一

雪裏難逢送炭人，地爐炙手便生春。酸寒東野真堪笑〔1〕，解道曲身成直身〔2〕。

〔校注〕

〔1〕東野：一指孟郊；一為「齊東野人」的縮語。

〔2〕直身：伸直的身軀。宋周密《齊東野語・曝日》：「攻媿次之云：『曲身成直身，朝寒俄失記。』」

其二

道人作喜每逢場，一束烏薪發電光〔1〕。便使樽前化紅袖，不妨笑殺許旌陽〔2〕。

〔校注〕

〔1〕烏薪：即炭。宋陶穀《清異錄・黑金社》：「廬山白鹿洞遊士輻湊，每冬寒，醵金市烏薪為禦寒。」宋范成大《雪中送炭與龔養正》詩：「誰與幽人暖直身，筠籠沖雪送烏薪。」

〔2〕許旌陽：指晉仙人許遜。遜曾任蜀旌陽縣令，故稱。他曾學道於大洞君吳猛，後因晉室亂而棄官東歸。相傳於東晉孝武帝太康二年，在洪州西山全家升仙而去。宋姜夔《鷓鴣天》詞序：「古楓，旌陽在時物也。」參閱《太平廣記》卷十四引《十二真君傳・許真君》。

以雙蓮戲韓子師

其一

雨洗風梳兩鬥新，凌波微步襪生塵〔1〕。真成紅玉嬌相倚〔2〕，不減昭陽第一人〔3〕。

〔校注〕

〔1〕凌波微步：比喻美人步履輕盈，如乘碧波而行。《文選・曹植〈洛神賦〉》：「凌波微步，羅襪生塵。」呂向注：「步於水波之上，如塵生也。」

〔2〕紅玉：紅色寶玉。古常以比喻美人肌色。《西京雜記》卷一：「趙后體輕腰弱，善行步進退，女弟昭儀，不能及也。但昭儀弱骨豐肌，尤工笑語。二人並色如紅玉。」

〔3〕昭陽：指漢宮殿名。後泛指后妃所住的宮殿。《三輔黃圖・未央宮》：「武帝時，後宮八區，有昭陽……等殿。」唐王昌齡《長信怨》詩：「玉顏不及寒鴉色，猶帶昭陽日影來。」　　第一人：指才能、德行、姿容等方面最好的人。《梁書・劉孝綽傳》：「（劉孝綽）出為上虞令，還除秘書丞，高祖謂舍人周舍曰：

『第一官當用第一人。』故以孝綽居此職。」唐杜甫《哀江頭》詩：「昭陽殿里第一人，同輦隨君侍君側。」

其二

並舞連歌意態新，水晶宮裏向無塵〔1〕。一時風月誰能許，要是君家兩玉人。

〔校注〕

〔1〕水晶宮：傳說中的月宮。前蜀毛文錫《月宮春》詞：「水晶宮裏桂花開，神仙探幾回。」無塵：不著塵埃。常表示超塵脫俗。唐崔櫓《蓮花》詩殘句：「無人解把無塵袖，盛取殘香盡日憐。」唐杜荀鶴《題戰島僧居》詩：「師愛無塵地，江心島上居。」

〔2〕君家：敬詞，猶貴府，您家。　　玉人：仙女。唐賈島《登田中丞高亭》詩：「玉兔玉人歌裏出，白雲誰似莫相和。」唐杜牧《寄瑨笛與宇文舍人》詩：「寄與玉人天上去，桓將軍見不教吹。」

卷十五

李流謙

　　李流謙（1123～1176），字無變，號澹齋，漢州德陽（一作綿竹，今屬四川）人。以蔭補將仕郎，歷官雅州教授、奉議郎通判潼川府事。宋淳熙三年卒。有《澹齋集》八十九卷，今存十八卷。有《澹齋詞》一卷。今錄戲謔詩17首。

戲貽秋泉子

　　桂椒發芳辛，水泉佐澄潔。風味可人哉，醞藉固佳客。清非伯夷隘，和異柳惠褻〔1〕。壺子與俱來〔2〕，表裏清徹骨。素魄吸沆瀣，枯腸濯埃墉。東家欲毋我，漆園強齊物〔3〕。物我倘未融，平地森劍戟。非秦亦非越，有國名建德〔4〕。恬流不須航，坦徑無轍跡。笑渠秉周禮，況復用蕭律〔5〕。聚糧適千里，叱馭履九折〔6〕。勸君反爾轅，神尻徐而疾。伯倫駕予車，元亮脂我轄〔7〕。胚渾未兆前，羲軒乃叔末〔8〕。

〔校注〕

〔1〕伯夷：春秋時孤竹君長子，恥食周粟，餓死於首陽山。柳惠：柳下惠，春秋魯大夫展獲，字季，又字禽，曾為士師官，食邑柳下，諡惠，故稱其為展禽、柳下季、柳士師、柳下惠等。以柳下惠之名最為著稱。相傳他與一女子共坐一夜，不曾淫亂。後用以借指有操行的男子。

〔2〕壺子：即壺丘子，名林。戰國鄭人，列子之師。《莊子·應帝王》：「鄭有神巫曰季咸，知人之死生存亡、禍福壽夭，期以歲月旬日，若神。鄭人見之，皆棄而走。列子見之而心醉，歸，以告壺子，曰：『始吾以夫子之道為至矣，則又

-453-

有至焉者矣。』」成玄英疏：「壺子，鄭之得道人也。號壺子，名林，即列子之師也。」《淮南子・精神訓》：「壺子持以天壤，名實不入，機發於踵。壺子之視死生亦齊矣。」

〔3〕毋我：謂無私見，不自以為是。《論語・子罕》：「子絕四：毋意，毋必，毋固，毋我。」何晏集解：「（孔子）述古而不自作，處群萃而不自異，唯道是從，故不有其身。」漆園：指莊子。晉葛洪《抱朴子・博喻》：「子永歎天倫之偉，漆園悲被繡之犧。」齊物：春秋、戰國時老莊學派的一種哲學思想。認為宇宙間一切事物，如生死壽夭，是非得失，物我有無，都應當同等看待。這一思想，集中反映在莊子的《齊物論》中。

〔4〕建德：《莊子》中虛構的無為而治的理想國。《莊子・山木》：「南越有邑焉，名為建德之國。其民愚而樸，少私而寡欲；知作而不知藏，與而不求其報，不知義之所適，不知禮之所將；猖狂妄行，乃蹈乎大方。」

〔5〕周禮：周代的禮制。《左傳・閔公元年》：「魯不棄周禮，未可動也。」蕭律：漢蕭何所制的典制律令。《漢書・刑法志》：「漢興，高祖初入關，約法三章曰：『殺人者死，傷人及盜抵罪。』蠲削煩苛，兆民大說。其後四夷未附，兵革未息，三章之法不足以御奸，於是相國蕭何攈摭秦法，取其宜於時者，作律九章。」

〔6〕叱馭：漢琅邪王陽為益州刺史，行至邛郲九折阪，歎曰：「奉先人遺體，奈何數乘此險！」因折返。及王尊為刺史，「至其阪……尊叱其馭曰：『驅之！王陽為孝子，王尊為忠臣。』」見《漢書・王尊傳》。後因以「叱馭」為報效國家，不畏艱險之典。

〔7〕伯倫：晉劉伶的字。伶與阮籍嵇康等六人友好，稱竹林七賢。嘗作《酒德頌》，自稱「惟酒是務，焉知其餘」。後世以伶為蔑視禮法、縱酒避世的典型。元亮：晉詩人陶潛，字元亮。曾任彭澤令，因不願為五斗米折腰而歸隱。後常用為隱居不仕的典實。

〔8〕胚渾：混沌。我國傳說中指宇宙形成以前的景象。《文選・郭璞〈江賦〉》：「類胚渾之未凝，象太極之構天。」羲軒：伏羲氏和軒轅氏（黃帝）的並稱。叔末：衰亡的時代。《後漢書・黨錮傳序》：「叔末澆訛，王道陵缺。」

得小甕因戲作

傾江釀斗秫，未厭俗之醨。向來故疏慵，重此百憂罹。杜門不復出，出亦將從誰。山氓過予言，刈樵得雛甕。適我藪澤念，亟買不論貲。斷

乳無幾日，疏毳未傅皮。檻牢異林壑，恐作南冠累〔1〕。解縛非予靳，弱質叵自持。罦羅竹節稠，失腳悔可追。泠泠溪流甘，蔚蔚庭草肥。人生一飽耳，八荒吾庭幃。我自不亂群〔2〕，爾能忘土思。馴狎不違性〔3〕，長大倘有期。充庖斷勿憂〔4〕，巾車薄勞之。南山與北澗〔5〕，伴我歌紫芝〔6〕。張陳慨中畫，管鮑謬已知〔7〕。新交不更添，歲寒端自茲。

〔校注〕

〔1〕南冠：借指囚犯。用鐘儀事。唐駱賓王《在獄詠蟬》：「西陸蟬聲唱，南冠客思侵。」

〔2〕亂群：惑亂百姓。三國蜀諸葛亮《論來敏》：「來敏亂群，過於孔文舉。」晉葛洪《抱朴子·明本》：「或曰惑眾，或曰亂群。」

〔3〕馴狎：謂馴順可親近。《梁書·孝行傳·韓懷明》：「有雙白鶴巢其廬上，字乳馴狎，若家禽焉。」

〔4〕充庖：供作食用。語出《禮記·王制》：「三為充君之庖。」

〔5〕北澗：在北的溪澗。南朝宋謝靈運《登臨海嶠初發疆中作》詩：「秋泉鳴北澗，哀猿響南巒。」

〔6〕紫芝：比喻賢人。《淮南子·俶真訓》：「巫山之上，順風縱火，膏夏紫芝，與蕭艾俱死。」高誘注：「膏夏、紫芝皆喻賢智，蕭、艾，賤草。皆喻不肖。」

〔7〕張陳：張耳、陳餘的並稱。二人初為刎頸交，後又結怨至不兩立。管鮑：春秋時管仲和鮑叔牙的並稱。兩人相知最深。後常用以比喻交誼深厚的朋友。晉傅玄《何當行》：「管鮑不世出，結交安可為。」

從人借馬鈍甚戲作

一馬如坎蛙〔1〕，爬沙鈍無比。長繩掣欲斷，大棰折三四。郵亭只數尺，對面不能至。我聞穆天子〔2〕，八駿日千里〔3〕。邀汝託後車，笑云勿相戲。

〔校注〕

〔1〕坎蛙：亦作「埳井之蛙」。淺井裏的青蛙。《莊子·秋水》：「子獨不聞夫埳井之蛙乎？謂東海之鱉曰：『吾樂與！出跳樑乎井干之上……且夫擅一壑之水，而跨跱埳井之樂，此亦至矣，夫子奚不時來入觀乎！』」後因以比喻見識短淺。

〔2〕穆天子：指周穆王。唐韓愈《駑驥》詩：「惟昔穆天子，乘之極遐遊。」

〔3〕八駿：相傳為周穆王的八匹名馬。八駿之名，說法不一。《穆天子傳》卷一：
「天子之駿，赤驥、盜驪、白義、踰輪、山子、渠黃、華騮、綠耳。」郭璞注：
「八駿，皆因其毛色以為名號耳。」

送無害弟之官並呈使君蹇丈一笑

人生一飲啄，大似有夙緣。蔡蒙窮坤阺，宦遊自吾先。哦松千尺下
〔1〕，剖竹羌水邊〔2〕。泮宮擷芹藻〔3〕，我歸才一年。子又盧奴去〔4〕，
妙指按五弦。識人舊魚鳥，入眼昔山川。子才如干將，當屠橫海鱣。纖
鱗拾沮洳〔5〕，人怪我輾然。火宿用彌壯，鷙伏飛無前。弟兄立分拆，
門戶同仔肩。老仙泉下責，豈但冕與蟬。別離不須悲，使君直二天。不
敢祝翁歸，冰鏡自高懸。夢想五賢堂，囊貯白雪篇〔6〕。何時見華簪，
琬琰行當鐫〔7〕。

〔校注〕

〔1〕哦松：唐博陵崔斯立為藍田縣丞，官署內庭中有松、竹、老槐，斯立常在二松
　　　間吟哦詩文，事見唐韓愈《藍田縣丞廳壁記》。後因以「哦松」謂擔任縣丞或
　　　代指縣丞。

〔2〕剖竹：古代授官封爵，以竹符為信。剖分為二，一給本人，一留朝廷，相當於
　　　後來的委任狀。

〔3〕泮宮：西周諸侯所設大學。《詩·魯頌·泮水》：「既作泮宮，淮夷攸服。」擷
　　　芹：謂生員入學。語本《詩·魯頌·泮水》：「思樂泮水，薄采其芹。」

〔4〕盧奴：惠棟曰：《滱水注》云，城內西北隅有水，淵而不流，南北一百步，東
　　　西百餘步，水色正黑，俗名曰黑水池。或云水黑曰盧，不流曰奴。故此城藉水
　　　取名為盧奴。

〔5〕纖鱗：魚。晉左思《招隱》詩之一：「石泉漱瓊瑤，纖鱗或浮沉。」沮洳（jù
　　　rù）：低濕之地。《詩·魏風·汾沮洳》：「彼汾沮洳，言采其莫。」

〔6〕五賢堂：在蘇州虎丘。為紀念唐代韋應物、白居易、劉禹錫與宋代王禹偁、蘇
　　　軾五位名賢而建，其中前四位曾任職於蘇州。　　囊貯：貯於袋中的物品。《三
　　　國志·魏志·曹爽傳》「皆伏誅，夷三族」裴松之注引三國魏魚豢《魏略》：「我
　　　之有斐，譬如人家有盜狗而善捕鼠，盜雖小損，而完我囊貯。」

〔7〕琬琰：泛指美玉。《楚辭·遠遊》：「吸飛泉之微液兮，懷琬琰之華英。」

一春無日不飲遂作肺嗽效樂天體

　　生與酒俱生，長與酒俱長。行時酒在樽，坐時酒在盎。一日不舉酒，一日眉不放。春來身無事，結客鏖勝賞。南山步新堤，西湖撐彩舫。或飛名園蓋，或祖都門帳。大酌須淋漓，小酌猶酣暢。家山忽入夢，江頭問兩槳。友社惜我去，共和驪駒唱〔1〕。劇飲連晝夜，大似灌鼠壤。不往慍眉鬚，好意難棄忘。平生無肺病，因茲作微恙。終夕勞喘呀，如吹竹筒樣。積痰動盈缶，咽吐不停吭。童奴更謁諫，浸恐傷府藏。萬里寄一身，節宣豈宜爽〔2〕。蒭蕘不可遺〔3〕，予心默云當。飲食著聖經，觀頤識爻象。慣習未易奪，剛制乃所尚。初如鍵弩牙，又類遏溪漲。稍稍撤觴斝〔4〕，久之絕悵望。腸枯與吻燥，但當吸瀣沆。宵枕遂小康，其效疾影響。遽言終止之，未敢保其往。酒頌我文章，酒徒我鉤黨〔5〕。有時倚危樓，搔首獨惆悵。大藥不可求〔6〕，此物足憑仗。陶謝匪沉酗〔7〕，遺意覘髣彷。下士聞道笑，識者眉睫上。更欲買黃金，歸鑄杜康像〔8〕。

〔校注〕

〔1〕驪駒：逸《詩》篇名。古代告別時所賦的歌詞。《漢書・儒林傳・王式》：「謂歌吹諸生曰：『歌《驪駒》。』」顏師古注：「服虔曰：『逸《詩》篇名也，見《大戴禮》。客欲去歌之。』文穎曰：『其辭云「驪駒在門，僕夫俱存；驪駒在路，僕夫整駕」也。』」後因以為典，指告別。

〔2〕節宣：指或裁制或布散以調適之，使氣不散漫，不壅閉。《左傳・昭公元年》：「君子有四時：朝以聽政，晝以訪問，夕以修令，夜以安身。於是乎節宣其氣，勿使有所壅閉湫底，以露其體。」杜預注：「宣，散也。」

〔3〕蒭蕘（chú ráo）：指草野之人。《後漢書・列女傳・曹世叔妻》：「採狂夫之瞽言，納蒭蕘之謀慮。」唐郭湜《高力士傳》：「陛下不遺鄙賤，言訪蒭蕘，縱慾上陳，無裨聖造。」

〔4〕觴斝：酒器。斝，古代溫酒器。宋葉適《祭高知錄文》：「宣行諸孫，貌寬氣平，笑談豐腴，觴斝流行。」

〔5〕鉤黨：謂相牽引為同黨。《後漢書・靈帝紀》：「中常侍侯覽諷有司奏前司空虞放，太僕杜密……皆為鉤黨，下獄，死者百餘人。」李賢注：「鉤謂相牽引也。」《文選・范曄〈宦者傳論〉》：「因復大考鉤黨，轉相誣染。」李周翰注：「鉤黨，謂鉤取諫者同類，使轉相誣謗而殺之也。」

〔6〕大藥：道家的金丹。唐杜甫《贈李白》詩：「苦乏大藥資，山林跡如掃。」

〔7〕陶謝：晉末南朝宋初詩人陶潛、謝靈運的並稱。

〔8〕杜康：傳說為最早造酒的人。《書·酒誥》「惟天降命，肇我民惟元祀」孔穎達疏引漢應劭《世本》：「杜康造酒。」

見蛛絲戲作

一絲架空居，巧若出杼機。彌綸不知勞，終日周遭馳。相彼造為艱，中有鴟鴞詩〔1〕。豈獨考其室，為罝陷群飛〔2〕。口腹共此累，坐歎寧以疵。微我畋漁意〔3〕，其端詎庖犧〔4〕。雨過助浮妄，大小出琲璣〔5〕。疾風輕群脆，覷隙防藩籬。摩挲一寸腹，吾廬正於茲。

〔校注〕

〔1〕鴟鴞：亦作「鴟梟」。鳥名。俗稱貓頭鷹。常用以比喻貪惡之人。《詩·豳風·鴟鴞》：「鴟鴞鴟鴞，既取我子，無毀我室。」《文選·曹植〈贈白馬王彪〉詩》：「鴟梟鳴衡扼，豺狼當路衢。」李善注：「鴟梟、豺狼，以喻小人也。」

〔2〕罝（jū）：網住；捕捉；群飛：齊飛；成群地飛。三國魏嵇康《贈秀才入軍》詩之十三：「魚龍瀺灂，山鳥群飛。」

〔3〕畋（tián）漁：指捕魚。《晏子春秋·問上十》：「節飲食，無多畋漁，以無逼川澤。」

〔4〕庖犧：即伏羲。唐司馬貞《三皇本紀》：「太皞庖犧氏，風姓，代燧人氏繼天而王……養犧牲以庖廚，故曰庖犧。」亦省稱「庖犧」。伏羲結繩為網，用來捕鳥打獵，並教會了人們漁獵的方法，發明了瑟，創作了曲子。

〔5〕琲璣：珠串。《新唐書·后妃傳上·楊貴妃》：「遺鈿墮舄，瑟瑟璣琲，狼藉於道，香聞數十里。」

觀小兒甕戲

五歲小兒初學步，絕藝亦知天所賦。想見九牛可倒曳，已堪赤手擒猛虎。向來甕戲真偉觀，倘非目擊嗤浪語。器小猶須百斤重，挾以壯夫端恐僕。笑談拈取兩足上，電轉風旋疾如許。便令百試百不失，父兄從傍亦矜詡〔1〕。市人駭歎俱失聲，我自平生未曾睹。武陽盛氣蓋全燕〔2〕，寄區狡謀蹋二虜〔3〕。論年固已一倍長，此兒誰肯噲等伍〔4〕。虎變鷹揚

看異時，經營一飽渾細事。世人稟賦有特異，常理未可求其故。相秦童子才毀齒，說項郎君方斷乳〔5〕。拜歸懷中笑橘墮，群戲道傍知李苦。登門已解敘通家，對客頗能嗔字父。劾鼠獄詞老吏服〔6〕，汗簡清規乃翁沮。卓識有此更驚人，彼以力稱吾未與。行行三十成何事，但耗太倉如雀鼠。憮然自笑仍自憐，強說功名在遲暮。人言速成當不久，如我定應千萬壽〔7〕。

〔校注〕

〔1〕矜詡（jīn xǔ）：誇耀。宋陸游《老學庵筆記》卷四：「僧可遵者，詩本凡惡，偶以『直待眾生總無垢』之句為東坡所賞……大自矜詡。」

〔2〕武陽：即秦舞陽。戰國時燕國勇士。偕荊軻謀刺秦王，因其恐懼失態，事敗。

〔3〕二虜：党項與契丹。

〔4〕噲等：謂樊噲之流。喻平庸之輩。典出《史記·淮陰侯列傳》：「信嘗過樊將軍噲，噲跪拜送迎，言稱臣……信出門，笑曰：『生乃與噲等為伍！』」意為鄙視樊噲，不屑與他為伍。

〔5〕說項：唐楊敬之器重項斯，作《贈項斯》詩：「幾度見詩詩總好，及觀標格過於詩。平生不解藏人善，到處逢人說項斯。」後世謂為人說好話、替人講情為「說項」。

〔6〕鼠獄：語本《史記·酷吏列傳》：「（張湯父）出，湯為兒守舍，還而鼠盜肉，其父怒，笞湯。湯掘窟得盜鼠及餘肉，劾鼠掠治，傳爰書，訊鞫論報，並取鼠與肉，具獄磔堂下。其父見之，視其文辭如老獄吏，大驚，遂使書獄。」後因以指智力出眾的人。

〔7〕千萬壽：猶言萬歲，祝頌帝王長壽的套語。漢蔡邕《上元加服與群臣上壽》：「謹奉生頭酒九鍾，稽首再拜，上千萬壽。」

宋才夫作詩自言作縣之況以冷官為可樂戲用韻答之

雲霄自許當比肩，豈料坎壈逢針氈〔1〕。求魚乃欲從沮洳，吞舟見之定輾然〔2〕。諸生但解笑便腹，好事誰肯與酒錢。吹寒固自乏暖律〔3〕，使物又恨無神鞭。君方踏筵觀豔舞，我正閉戶甘草玄。閒忙亦復分苦樂，溫醲淡泊無非緣。

〔校注〕

〔1〕針氈：置針於其中的氈。坐於其上，令人片刻難安。語出《晉書·杜錫傳》：「（杜錫）屢諫愍懷太子，言辭懇切，太子患之。後置針著錫常所坐處氈中，刺之流血。」

〔2〕吞舟：吞舟之魚的略語。常以喻人事之大者。《莊子·庚桑楚》：「吞舟之魚，碭而失水，則蟻能苦之。」《列子·楊朱》：「吞舟之魚，不遊枝流；鴻鵠高飛，不集污池。」釃然：笑貌。《文選·左思〈吳都賦〉》：「東吳王孫釃然而哈。」劉逵注：「釃，大笑貌。」

〔3〕暖律：古代以時令合樂律，溫暖的節候稱「暖律」。

偶失一丹瓢戲書

誰取一瓢去，虛勞九轉功〔1〕。征杯驚羽化，開畫歎犧空。已墮寧論甑，雖亡未失弓。人間閒得喪，盡付綠樽中〔2〕。

〔校注〕

〔1〕九轉功：道家煉丹術語，後比喻經過長期不懈的艱苦努力而終於獲得成功。《抱朴子·金丹》：「其一轉至九轉，遲速各有日數多少，以此知之耳。其轉數少，其藥力不足，故服之用日多得仙遲也；其轉數多藥力成，故服之用日少而提仙速也。」

〔2〕綠樽：亦作「綠尊」。酒杯。南朝梁沈約《酬謝宣城朓詩》：「賓至下塵榻，憂來命綠樽。」

再賡佳什已致牽羊之請又辱不鄙垂教蓋大巫困小巫欲視其顛踣為戲耳輒作二章以足小成之數〔1〕

其一

鱗鱗新綠漲篙竿，飛鴈聲中歲已闌。梅藥尚能供冷淡，酒杯那復問甜酸。徵招不入幽人夢〔2〕，節物空驚壯士肝。趁取芳菲行樂去，麗詞妍唱暖春寒。

〔校注〕

〔1〕牽羊：《史記·宋微子世家》：「周武王克殷，微子乃持其祭器造於軍門，肉袒

面縛，左牽羊，右把茅，膝行而前以告。於是武王及釋微子，復其位如故。」
後以「牽羊」「牽羊肉袒」「牽羊把茅」表示降服或用為降服的典故。

〔2〕徵招：徵求召集。《漢書·元帝紀》：「今不良之吏，覆案小罪，徵召證案，興
不急之事，以妨百姓。」南朝梁陶弘景《周氏冥通記》卷一：「今所以相徵召
者，一以助事佐事，二以受業治身。」

其二

講摩師友我尤須〔1〕，此道今人已絕無。頗欲相從問奇字，故應未暇
注陰符〔2〕。竹嫌影薄乘春種，酒怕樽空帶雪沽。杖屨往來憂不數，恐
公早晚躡華途。

〔校注〕

〔1〕講摩：研討切磋。宋文瑩《玉壺清話》卷五：「不疑（張不疑）晚學益深，經
史沿革，講摩縱橫，文章詩歌，舉筆則就。」

〔2〕奇字：泛指古文字。陰符：泛指兵書。唐杜甫《哭台州鄭司戶蘇少監》詩：「從
容詢舊學，慘淡閟《陰符》。」

次韻嘲落梅代梅答二絕

其一

不是春愁減素肌〔1〕，從來鶴骨可能肥〔2〕。便將夢裏一般看，恐是
幽人作蝶飛。

〔校注〕

〔1〕素肌：白色的肌肉，特指蔬菜、瓜果的白色肉質。

〔2〕鶴骨：修道者的骨相，唐孟郊《石淙》詩之五：「飄飄鶴骨仙，飛動鼉背庭。」

其二

吹開吹落本無心，萬物自秋還自春。若把穠花校枯寂〔1〕，本無諸妄
亦無真。

〔校注〕

〔1〕穠花：盛開的花。

戲贈智淵師二偈〔1〕

其一

芙蕖元不植高原，插向紅爐色更鮮〔2〕。拖取門前擔糞漢，滿堂金玉富薰天。

〔校注〕

〔1〕智淵：生卒不詳。原是南安的一名秀才，俗名李學智。後出家為僧，為龍山寺
　　住持。安平橋的倡建者之一。《八閩通志》載：「安平橋在石井鎮。紹興八年
　　（1138），僧祖派始議石橋，鎮人黃護及僧智淵各施錢萬緡為之倡。」

〔2〕紅爐：即紅色的花瓶。烘烤釉上彩用的低溫爐、景德鎮稱為「紅爐」，又叫暗
　　爐、彩爐或彩花爐。

其二

江北江南喧世界，陪了草鞋多少錢。嚇得小兒成底事，何如參我竹
匕禪〔1〕。

〔校注〕

〔1〕自注：師嘗為伍伯捨緣。

有以狀元紅牡丹見遺戲作一絕

含笑嫣然燦曉霞，龍頭一種絕諸家〔1〕。東風有意憐枯栟〔2〕，乞與
佳名不乞花。

〔校注〕

〔1〕龍頭：狀元的別稱。唐黃滔《輒吟七言四韻攀寄翁文堯拾遺》詩：「龍頭龍尾
　　前年夢，今日須憐應若神。」舊注：「滔卯年冬在宛陵，夢文堯作狀頭及第。」

〔2〕枯栟：猶枯萎。唐段成式《酉陽雜俎續集·支植下》：「蜀中有木類柞，眾木榮
　　時枯栟，隆冬方萌芽布陰，蜀人呼為楷木。」

對月戲簡坐客

夜涼溪月等閒斜，半折寒蘆委雪花〔1〕。一葉與君從此逝，松江煙雨
著浮家。

〔校注〕

〔1〕寒蘆：寒天的蘆葦；乾蘆葦。南朝梁沈約《詠雪應令》：「思鳥聚寒蘆，蒼雲軫
　　暮色。」

洪　邁

　　洪邁（1123～1202），字景盧，別號容齋、野處。洪皓第三子。饒州鄱陽（今江西波陽）人，高宗紹興十五年（1145）進士。紹興三十二年（1162）使金，欲令金稱兄弟，金人要洪邁等行「陪臣禮」，邁堅執不可，幾被拘留，不屈而還。曾知泉州、贛州、紹興府等，以端明殿學士致仕。諡「文敏」。著有《野處類稿》《容齋隨筆》《夷堅志》等，編有《萬首唐人絕句》。今錄戲謔詩4首。

效淵明〔1〕

　　人生本無事，況我麋鹿姿〔2〕。一墮世網中，永與林壑辭。此行獨何事，豈不為寒餒。弱歲慕古人，頗覺世好卑。那知齒髮邁，終然此心違。春風到山澤，魚鳥亦知時。我行何日休，流目瞻長岐。且用陶翁言，一觴聊可揮〔3〕。

〔校注〕

〔1〕朱松詩集亦此詩，見《全宋詩》卷一八五三。

〔2〕麋鹿姿：蘇軾的「我坐華堂上，不改麋鹿姿。」麋鹿姿是指自由奔放的性格。

〔3〕此句來自陶淵明的《還舊居》，是陶淵明歸田後十幾年經到舊居柴桑寫下的詩，陶自從上京搬走之後，很多年都沒有去過柴桑。這一次，他能夠回到闊別已久的柴桑故地，看到故居以及整個柴桑已經物是人非，心中頓時萌生了一種滄桑之感，而在萬千的感慨之中，逐漸感覺到了歲月易逝、人生無常，而就在這種情況下他寫下了這首淒涼哀怨的《還舊居》

戲答胡汝能

　　吾生苦中狹，與世枘鑿乖〔1〕。平生素心人，耿耿不滿懷。汝能伯始後〔2〕，遊世如嬰孩。相逢握手語，便作塤箎諧〔3〕。時時笑謂我，如子患未涯。執古以規今，求合誠難哉〔4〕。涉世幸未遠，子車尚可回〔5〕。我介足怨忌，君通絕嫌猜。不見山巨源，雍容居鼎臺〔6〕。不見嵇中散〔7〕，絕交自可哀。賢愚心自了，短韻共一咍。

〔校注〕

〔1〕朱松集中同有此詩。枘鑿（ruì záo）：《楚辭・九辯》：「圓枘而方鑿兮，吾固知其鉏鋙而難入。」《史記・孟子荀卿列傳》：「持方枘欲入圓鑿，其能入乎？」枘、鑿，榫頭與卯眼。枘圓鑿方或枘方鑿圓，難相容合。後因以「枘鑿」比喻事物的杆格不入或互相矛盾。

〔2〕伯始：漢胡廣的字。《後漢書・胡廣傳》：「雖無謇直之風，屢有補闕之益。故京師諺曰：『萬事不理問伯始，天下中庸有胡公。』」南朝梁劉勰《文心雕龍・章表》：「胡廣章奏，天下第一……觀伯始謁陵之章，足見其典文之美焉。」南朝梁簡文帝《戎昭將軍劉顯墓銘》：「厭飫典墳，研精名理。一見弗忘，過目則記。若訪賈逵，如問伯始。」

〔3〕塤箎（xūn chí）：塤為土製樂器，箎為竹製樂器，塤箎合奏聲音和諧。後用以表示兄弟和睦，也代指兄弟。

〔4〕執古：堅守古道。求合：謂尋求志同道合者。《楚辭・離騷》：「湯禹嚴而求合兮，摯咎繇而能調。」王逸注：「求其匹合。」

〔5〕子車：複姓。春秋時秦國有子車奄息。見《左傳・文公六年》。

〔6〕鼎臺：指三公之位。明無名氏《鳴鳳記・夏公命將》：「鳳閣龍樓位鼎臺，朝朝輻輳滿庭階。」

〔7〕嵇中散：中散大夫的省稱。三國魏嵇康曾任中散大夫，世以「中散」稱之。

謁吳公路許借論衡復留一日戲作

　　幽獨不自得，駕言款齋廬〔1〕。殷勤主人情，投轄恐回車〔2〕。轄亦不須投〔3〕，此去將焉如。惟憂酒錢盡，使吾詩腸枯。會合曾幾何，可復自作疏。更當留一夕，帳中搜異書〔4〕。

〔校注〕

〔1〕朱松集中同有此詩。齋廬：齋祀的廬舍。唐韓愈《南海神廟碑》：「故明宮齋

廬，上雨旁風，無所蓋障。」

〔２〕投轄：用陳遵典。

〔３〕鈔補作「世途早已涉」。

〔４〕異書：珍貴或罕見的書籍。《後漢書・王充傳》「著《論衡》八十五篇」李賢注
　　　引晉袁山松《後漢書》：「充所作《論衡》，中土未有傳者，蔡邕入吳始得之，
　　　恒秘玩以為談助。其後王朗為會稽太守，又得其書，及還許下，時人稱其才進。
　　　或曰：『不見異人，當得異書。』」

戲贈吳知伯

　　條侯得劇孟〔１〕，吳楚坐可馘。我知無能為，失此一敵國。偉哉奇男
子，俠氣橫八極〔２〕。書生復何者，肮髒老筆墨。刺口論安危〔３〕，事往
竟何益。匹夫嘯空野，驚塵一方塞。區區空有意，浩蕩洗鋒鏑。何如吳
王孫，語輒面浮赤。交遊得朱亥〔４〕，負販鄙膠鬲。腰間鐵絲箭〔５〕，上
鏃紫塞翮。笑指蛇豕區〔６〕，滅此而後食。諸公未備知，欲薦恨無力。
明日我過君，烹牛啖社客〔７〕。當書遊俠傳，令子姓名白。

〔校注〕

〔１〕條侯：西漢周亞夫的封號。《史記・絳侯周勃世家》：「文帝擇絳侯勃子賢者河
　　　內守亞夫，封為條侯，續絳侯後。」劇孟：洛陽（今河南洛陽）一帶有名的豪
　　　俠。司馬遷《史記》為他立了傳。

〔２〕八極：八方極遠之地。《莊子・田子方》：「夫至人者，上窺青天，下潛黃泉，
　　　揮斥八極，神氣不變。」

〔３〕刺口：多言多語。唐韓愈《寄盧仝》詩：「彼皆刺口論世事，有力未免遭驅使。」

〔４〕朱亥：戰國時俠客，魏大梁人。有勇力，隱於屠肆。秦兵圍趙，信陵君既計竊
　　　兵符，帥魏軍，又慮魏將晉鄙不肯交兵權，遂使，亥以鐵椎擊殺晉鄙，奪晉鄙
　　　軍以救趙。事見《史記・魏公子列傳》。

〔５〕鐵絲箭：一種箭桿較細而箭頭異常尖銳的箭。唐杜甫《久雨期王將軍不至》詩：
　　　「憶爾腰間鐵絲箭，射殺林中雪色鹿。」

〔６〕蛇豕：長蛇封豕。比喻貪殘害人者。語出《左傳・定公四年》「吳為封豕長蛇，
　　　以薦食上國」晉杜預注：「言吳貪害如蛇豕。」

〔７〕社客：燕的別名。燕子為候鳥，江南一帶每年以春社來，秋社去，故有此名。

吳　儆

吳儆（1125～1183），初名偁，字益恭、恭父，號竹洲，徽州休寧（今屬安徽）人。從學於張栻，與兄俯齊名，與朱熹、呂祖謙、陳亮友善。高宗紹興二十七年（1157）進士及第，調鄞縣尉、知安仁縣、通判邕州。淳熙七年，起知泰州，閒則講學授徒，與從遊者窮經論史，分齋肄業，以安定湖學之法為教。尋復奉祠。十年卒，謚文肅。著有《竹洲集》。今錄戲謔詩3首。

說謎三絕

己卯之冬，月餘端坐，無以度日。因聚諸童幼，極其歡笑。時與相說謎，雖鄙俚不稽，至於可笑，輒為絕倒，因戲為數語示之。

其一

滿身珠翠間花鈿，舞到梁州最可憐〔1〕。一撚宮腰如束素〔2〕，清風明月畫堂前。〔3〕

〔校注〕

〔1〕梁州：唐代舞曲名稱。原作涼州。《唐書‧禮樂志》：「天寶間樂曲，皆以邊地為名，若涼州、甘州、伊州之類。」王昌齡《殿前曲》：「胡部笙歌西殿頭，梨周弟子和涼州。」又指鼓曲、笛曲、琵琶曲的《梁州》獨奏，也叫梁州。《涼州》，中唐以後翻為琵琶曲。元稹《琵琶歌》：「涼州大遍最豪嘈，六么散序多籠撚。」

〔2〕束素：一束絹帛。常用以形容女子腰肢細柔。戰國楚宋玉《登徒子好色賦》：「腰如束素，齒如含貝。嫣然一笑，惑陽城，迷下蔡。」

〔3〕自注：簾。

其二

楚楚衣裳兩頰紅，冠兒斜墜腳兒弓。夜來塞上無消息，玉箸偷彈對曉風。[1]

〔校注〕

〔1〕自注：雞。　以雞喻人，以雞抒情。

其三

奔波來往一生忙，方寸包藏不可量。用盡心機還骨立，為他人作嫁衣裳。

〔校注〕

〔1〕自注：梭。

姜特立

　　姜特立（1125～1203），字邦傑，麗水（今屬浙江）人。以蔭補承信郎。淳熙中，累遷福建兵馬副都監。趙汝愚薦於朝，獻所作詩百篇，除閤門舍人，命充太子宮左右春坊兼皇孫平陽王伴讀。寧宗朝，終官慶遠軍節度使。有《梅山詩稿》六卷、《梅山續稿》五卷。今錄戲謔詩 16 首。

借書戲作

　　無書閱市交何少〔1〕，有書覓羊趣何卑〔2〕。爭似北鄰兩公子，不嫌俗士笑渠癡。

〔校注〕

〔1〕閱市：《後漢書·王充傳》：「家貧無書，常遊洛陽市肆，閱所賣書，一見輒能誦憶。」後以「閱市」為勤奮好學的典故。五代李瀚《蒙求》詩：「王充閱市，董生下帷。」元辛文房《唐才子傳·汪遵》：「（汪遵）家貧借書，以夜繼日，古人閱市偷光，殆不過此。」

〔2〕覓羊：尋求隱居。漢嚴光少有高名，與劉秀同遊學，後劉秀即帝位，光變名隱身浙江桐廬富春江畔，披羊裘釣澤中。後因以「羊裘」指隱者或隱居生活。

戲張時可〔1〕

　　南湖堂上著彭宣〔2〕，結得襄王夢裏緣〔3〕。試問傍人鷗與鷺，何如隨步小嬋娟〔4〕。

〔校注〕

〔1〕張時可：即張鎡，舊字時可，慕郭功甫，故易之，字功甫，號約齋。西秦人。
　　循王（俊）諸孫，居臨安。官奉議郎。有《玉照堂詞》一卷。

〔2〕彭宣：字子佩，漢代淮陽陽夏人。師從張禹，他深通易經，學識淵博，很有名
　　氣。幾度官場沉浮，歷任光祿大夫，御史大夫，又轉任大司空，封爵長平侯。
　　後王莽掌權，彭宣見險而止，告老還鄉，回到了自己的封地，幾年後去世，諡
　　號頃侯。班固《漢書》：彭宣見險而止，異乎「苟患失之」者矣。

〔3〕襄王：應指楚襄王。宋玉在其《神女賦》中描寫楚襄王夜夢神女，乃告於宋玉，
　　命其作賦。

〔4〕嬋娟：形容姿態曼妙優雅。

戲呈趙舜臣覓酒二首〔1〕

其一

畢君甕下幾成縛，屈子江邊又獨醒〔2〕。賴有東陽賢府主，不嫌馳騎
送寒廳〔3〕。

其二

兵廚釀乏吻生煙，阮校如今作贅員。卻怪淵明便歸去，酒材猶自有
圭田〔4〕。

〔校注〕

〔1〕趙舜臣：曾知溫州。宋孫應時有詩《送趙舜臣知溫州》。

〔2〕屈子：指屈原。唐戴叔倫《過三閭廟》詩：「沅湘流不盡，屈子怨何深。」

〔3〕寒廳：冷清的廳堂。亦用以謙稱自己的家。

〔4〕圭田：古代卿、大夫、士供祭祀用的田地。《禮記・王制》：「夫圭田無徵。」
　　《孟子・滕文公上》：「卿以下必有圭田，圭田五十畝。」趙岐注：「古者卿以
　　下至於士皆受圭田五十畝，所以供祭祀也。圭，潔也。」唐劉禹錫《汴州刺史
　　廳壁記》：「我食止圭田，吾用止公入，凡它給過製傷廉浣潔者，悉罷之。」宋
　　周暉《清波別志》卷上：「圭田，養廉也。凡在職，皆當以廉責之。」

買烏薪戲題〔1〕

雨雪冬春無了時，烏薪斷續惱衰羸〔2〕。偶然買得婆歡喜，且免山翁曉皺眉。

〔校注〕

〔1〕烏薪：即炭。宋陶穀《清異錄‧黑金社》：「廬山白鹿洞遊士輻湊，每冬寒，醵金市烏薪為禦寒。」宋范成大《雪中送炭與龔養正》詩：「誰與幽人暖直身，筠籠沖雪送烏薪。」

〔2〕羸：瘦弱，困頓，疲憊貌。

誕日戲作亦可以瑞鷓鴣歌之〔1〕

梅山誕日簇觥籌〔2〕，更挾娉婷共勝遊〔3〕。此去只求閒富貴，人生須是老風流〔4〕。

〔校注〕

〔1〕誕曰：生日。《舊唐書‧德宗紀上》：「上誕日，不納中外之貢。」宋蘇轍《元祐八年生日謝表》之一：「老逢誕日，泣親養之無從；賜出天廚，愧君恩之莫報。」鷓鴣：是鳥類的一種，體形似雞而比雞小，羽毛大多黑白相雜，尤以背上和胸、腹等部的眼狀白斑更為顯著。韓淲有《瑞鷓鴣》。

〔2〕觥籌：指酒器和酒令籌。唐皇甫松《醉鄉日月‧觥錄事》：「觥籌盡有，犯者不問。」

〔3〕娉婷：指美人，佳人。陳師道《放歌行》：春風永巷閒娉婷。

〔4〕老風流：指到年老的時候還是那麼放蕩不羈、無拘無束。趙以夫《金盞子》詞：「西湖秋菊寒泉，似坡老風流。」

效樂天體

田宅不多終是有，園池雖小勝如無。三平二滿人間少〔1〕，此樂唯應屬老夫。

〔校注〕

〔1〕三平二滿：宋陳叔方《穎川語小》卷下：「俗言三平二滿，蓋三遇平、二遇滿，皆平穩得過之日。」宋黃庭堅《四休居士詩序》：「太醫孫君昉，字景初，為士

大夫發藥，多不受謝。自號四休居士。山谷問其說，四體笑曰：『粗茶淡飯飽即休，補破遮寒暖即休，三平二滿過即休，不貪不妬老即休。』山谷曰；『此安樂法也。』」此宋人口語，將就得過、平穩過得去之意。

春晚戲題

歲月飛騰不可回，紅顏去盡老相催〔1〕。自憐皺面無光彩，賴得春風為熨開〔2〕。

〔校注〕

〔1〕老相催：歲月時光催促著人變老。杜甫《江畔獨步尋花七絕句》：「不是愛花即肯死，只恐花盡老相催。繁枝容易紛紛落，嫩葉商量細細開。」

〔2〕熨開：燒熱後用來燙平衣服的金屬器具將衣服燙平。這裡借用春風來熨開原本滿是皺紋的面龐。

齒將脫齟齬牴牾時或隱痛戲成

搖齒不可仗，反側如小人。王陵雖少戇〔1〕，信越終難馴〔2〕。魯衛固小弱〔3〕，秦晉依強鄰〔4〕。更託輔車勢〔5〕，庶以活吾身。

〔校注〕

〔1〕王陵少戇：《史記》卷八《高祖本紀》：漢王陵助高祖平天下，封安國侯。為人任氣，好直言。高祖以為可繼任相國，「然陵少戇，陳平可以助之。」高祖死，呂后欲王諸呂，陵直言不可。後怒，遷陵太傅，陵謝病不朝，七年卒。後以「王陵戇」謂大臣剛直不阿。唐張九齡《登荊州城樓》詩：「直似王陵戇，非如甯武愚。」

〔2〕信越：指西漢韓信與彭越。二人隨劉邦開國，皆以戰功封侯，又皆以叛逆罪被殺。後因以代指功臣或叛臣。唐王珪《詠漢高祖》：「爪牙驅信越，腹心謀張陳。」唐羅隱《關亭春望》：「信越功名高似狗，裴王氣力大於牛。」

〔3〕魯衛：指先秦時期的魯國和衛國。

〔4〕秦晉：指先秦時期的秦國和晉國。

〔5〕輔車：比喻事物互為依存的利害關係。唐王周《齒落詞》：「唇亡得無寒，舌在從何訴。輔車宜長依，髮膚可增懼。不須考前古，聊且為近喻。」唐白居易《齒落辭》：「幸有輔車，非無斷齗。胡然捨我，一旦雙落。齒雖無情，吾豈無情。」

戲題

樂天妙語過雞林〔1〕，平處猶為治世音。豁達如今唯李老，不妨風月自閒吟。〔2〕

〔校注〕

〔1〕雞林：《新唐書·白居易傳》：「（白）居易於文章精切，……雞林（古國名）行賈售其國相，率篇易一金。」這裡指詩遠揚。以後人們就用「詩入雞林、詩在雞林、雞林詩價」等稱讚作品的流傳廣泛，價值的高貴。宋黃庭堅《自咸平至太康德十小詩》之一：「詩入雞林市，書邀道士鵝。」

〔2〕自注：慶曆中，京師有民自稱豁達李老，好吟詩，詞多鄙俚，一時貴人戲語多及之。

致政張教授晚而買妾有女戲贈

隱君無婦幾經時，暮景鰥居卻未宜。且喜中郎新有女，豈容白傅老無兒。閨中不著玉川婢〔1〕，天下應傳京兆眉〔2〕。無計去陪湯餅客〔3〕，花卿有子待歌詩。

〔校注〕

〔1〕玉川婢：唐文學家韓愈賞識盧仝文采節操，在其《寄盧仝》詩中提到窮苦潦倒的盧仝家中有二奴婢：「玉川先生洛城裏，破屋數間而已矣。一奴長鬚不裹頭，一婢赤腳老無齒。」後因以「玉川奴」泛指僕役。

〔2〕京兆眉：漢代人張敞曾任京兆尹，敢直言，嚴賞罰。嘗為其妻畫眉，當時長安盛傳「張京兆眉嫵」之說。唐代劉方平有詩《京兆眉》：「新作蛾眉樣，誰將月裏同。有來凡幾日，相效滿城中。」

〔3〕湯餅客：湯餅為一種水煮的麵食。唐代風俗，生日設宴常用湯餅。唐劉禹錫《送張盥赴舉》詩：「爾生始懸弧，我作坐上賓。引箸舉湯餅，祝詞無麒麟。」《新唐書》卷七六《后妃傳上·玄宗王皇后傳》：「玄宗皇后王氏，同州下邽人。……始，後以愛弛，不自安。承間泣曰：『陛下獨不念阿忠脫半紫臂易斗面，為生日湯餅邪？』帝憫然動容。阿忠，後呼其父仁皎云。」

對花戲作

八十衰翁歲月高，可憐老氣尚粗豪。春來縱被花相惱，半是無心半搭猱。〔1〕

〔校注〕

〔1〕自注：出小說。　　明馮夢龍《古今譚概》載：獸有猱，小而善緣，利爪。虎首癢，輒使猱爬搔之，久而成穴，虎殊快，不覺也。猱徐取其腦啖之，而以其餘奉虎。虎謂其忠，益愛近之。久之，虎腦空，痛發，跡猱。猱則已走避高木。虎跳踉大吼，乃死。搭猱：是指「漠不關心，不在意」之義。考察「搭」有擊，打義。「猱」謂獸名。猿類，身體便捷，善攀援。見《能改齋漫錄》卷二「搭猱」條。

老醜戲題

目深顴起貌嶄然〔1〕，長臂厖眉聳兩肩〔2〕。宛似阿羅老尊者〔3〕，不妨時說小乘禪〔4〕。

〔校注〕

〔1〕顴 quán：指顴骨，即眼睛下邊、肋上邊突起的部分。唐韓愈《送僧澄觀》詩：「有僧來訪呼使前，伏犀插腦高頰顴。」嶄然：形容物體尖銳突出。宋楊萬里《食菱》詩：「雞頭吾弟藉吾兄，頭角嶄然也不爭。」

〔2〕厖眉 máng：花白眉毛，形容人的老態。厖，通「尨」。《文選·王褒〈四子講德論〉》：「厖眉耇老，咸愛惜朝夕，願濟須臾。」李善注：「謂眉有白黑雜色。」《隋書·煬帝紀上》：「是以厖眉黃髮，更令收斂。」宋王安石《贈老寧僧首》詩：「秀骨厖眉倦往還，自然清譽落人間。」

〔3〕阿羅：即「阿羅漢」。梵語 Arhat 的譯音。小乘佛教理想的最高果位。佛教亦用稱斷絕嗜欲，解脫煩惱，修得小乘果的人。《百喻經·入海取沉水喻》：「不如發心求聲聞果，速斷生死，作阿羅漢。」唐玄奘《大唐西域記·迦畢試國》：「昔健馱邏國有阿羅漢，常受此池龍王供養。」尊者：佛教語。梵語「阿梨耶」意譯為尊者、聖者。亦泛指具有較高的德行、智慧的僧人。宋元照《四分律行事鈔·資持記》：「尊者，謂臘高德重，為人所尊。」

〔4〕小乘禪：佛教術語。《傳燈錄》曰：「禪有深淺階級，悟我空偏真之理而修者，是小乘禪。悟吾法空所顯真理而修者，是大乘禪。若頓悟自心本來清淨，元無

煩惱，無漏智，本自具足，此心即佛，依次而修者，是上乘禪。按佛教本分大小二乘。以大乘為上乘，小乘為下乘。自禪宗興起，自謂超乎二乘之上，別立上乘禪之名焉。」佛家有三乘：菩薩乘、辟支乘、聲聞乘。菩薩乘普度眾生，故稱大乘；辟支乘、聲聞乘僅求自度，故稱小乘。辟支，梵語獨覺之意，指並無師承，獨自悟道。聲聞，指由誦經聽法悟道。小乘禪法的突出特點為離染厭世，強調通過修行達到遠離雜染痛苦進入清淨寂滅的禪定狀態。

養雞抱犢摩詰語也戲廣其說〔1〕

雲裏養雞非是達〔2〕，山頭抱犢未為真〔3〕。何如老奉閒香火〔4〕，醉臥林間了此身。

〔校注〕

〔1〕養雞抱犢摩詰語：王維（701～761），河東蒲州（今山西運城）人，祖籍山西祁縣，唐朝著名詩人、畫家，字摩詰，號摩詰居士。王維《送友人歸山歌》之一：「入雲中兮養雞，上山頭兮抱犢。」犢：小牛。養雞和耕作本農家事，但云「入雲中養雞」及「抱犢上山」則與古仙人傳說有關，見《列仙傳》及《元和郡縣志》。

〔2〕雲裏：雲霄之中，高空。常用指傳說中的仙境。《楚辭·九歌·雲中君》：「靈皇皇兮既降，猋遠舉兮雲中。」王逸注：「雲中，雲神所居也。」養雞：比喻隱居。漢劉向《列仙傳·祝雞翁》：「祝雞翁者，洛人也。居尸鄉北山下，養雞百餘年。雞有千餘頭，皆立名字。暮棲樹上，晝放散之，欲引，呼名即依呼而至。賣雞及子得千餘萬，輒置錢去。之吳，作養魚池。後升吳山，白鶴孔雀數百常止其傍云。」唐杜甫《奉寄河南韋尹丈人》詩：「尸鄉餘土室，難說祝雞翁。」

〔3〕抱犢：比喻隱居。唐王維《送友人歸山歌》之一：「入雲中兮養雞，上山頭兮抱犢。」趙殿成箋注引《元和郡縣志》：「抱犢山在沂州承縣北六十里，壁立千仞……昔有遁隱者，抱一犢於其上墾種，故以為名。」

〔4〕香火：主要是指用於祭祀祖先神佛的香和燭火；燃點的香等。引申指供奉神佛之事，謂信奉佛法，共結香火之緣。唐白居易《五月齋戒先以長句呈謝》：「散齋香火今朝散，開素盤筵後日開。」

飯間戲作

平生無事業，只是養此腹。雖曰負將軍，念爾相隨逐。一朝我若行，枵然入空木〔1〕。問爾將何之，無功難受祿〔2〕。

〔校注〕

〔1〕枵然（xiāo）：虛大貌。《文選・謝靈運〈永初三年七月十六日之郡初發都〉詩》「空班趙氏璧，徒乖魏王瓠」李善注引《莊子》：「魏王貽我大瓠之種，我樹之成，而實五石，以盛水漿，其堅不自舉，剖之以為瓢，則瓠落無所容，非不枵然大也，吾為其無用，掊之。」按，今本《莊子・逍遙遊》枵，作「咢」。宋蘇軾《御試制科策》：「其所以自困而不能舉者，以不生不息之財，養不耕不戰之兵，塊然如巨人之病瘖，非不枵然大矣，而手足不能以自舉。」空木：傳說堯死後用中空之木作棺。後因以為棺的代稱。漢劉向《說苑・反質》：「昔堯之葬者，空木為櫝，葛蔂為緘。」晉陶潛《擬輓歌辭》之一：「魂氣散何之，枯形寄空木。」

〔2〕受祿：接受俸祿。《禮記・表記》：「是故君有責於其臣，臣有死於其言，故其受祿不誣，其受罪益寡。」

文潞公洛中會四同甲，皆丙午七十八，予乙巳生，與丙午相屬，歲數偶同，戲作

洛中四老會同甲〔1〕，太歲俱生丙午年〔2〕。我亦聯翩七十八〔3〕，惜無一客伴華顛〔4〕。

〔校注〕

〔1〕洛中四老會：疑為文彥博、司馬光等人。司馬光在洛陽參與了二程和邵雍的理學活動，並稱洛中四友。司馬光、富弼（字彥國）、呂公著（字晦叔）、程顥（字伯淳）為「洛中四賢」。同甲：同齡。同齡者其出生之年的甲子必同，故稱。宋歐陽修《與王懿敏公書》：「成都風物，非老者所宜。仲儀雖為同甲，然心意壯銳，諒可為樂，難以病夫忖度也。」

〔2〕太歲：又稱太陰，歲陰。是古代天文和占星中虛擬的一顆與歲星（木星）相對並相反運行的星。此指相關的「命犯太歲」，即紀年的干支「太歲」，「命犯太歲」就是碰到了自己生肖年份的地支（太歲），亦即本命年。此處指「洛中四老」的本命年。

〔3〕聯翩：指鳥飛的樣子，形容連續不斷。此處指的我也快要七十八歲了。歐陽熙《重修欞星門移置瑞光記》：「士之應祥而起，殆將聯翩而多焉。」

〔4〕華顛：爾雅曰：「顛，頂也。」華顛謂白首也。意思是頭髮上黑白相間，指年老。

劉應時

劉應時（生卒年不詳），字良佐，號頤庵居士。名儒劉繼寬之子。四明慈谿（今屬浙江）人。喜為詩，與范成大、陸游、楊萬里善。著有《頤庵居士集》兩卷。今錄戲謔詩 4 首。

義上人歸自武林戲作四偈〔1〕

其一

十載江湖寄此身，足香慣踏軟紅塵〔2〕。夢回一笑知何有，穩臥家山寂寞濱。

〔校注〕

〔1〕義上人：生平不詳。武林：浙江杭州舊稱。

〔2〕軟紅塵：飛揚的塵土。形容繁華熱鬧。亦指繁華熱鬧的地方。宋盧祖皋《魚遊春水》詞：「軟紅塵裏鳴鞭鐙，拾翠叢中句伴侶。」

其二

行腳從來笑趙州〔1〕，草鞋踏破竟何求。百千三昧無窮義，不出頤庵拄杖頭〔2〕。

〔校注〕

〔1〕趙州：指唐代高僧從諗。南泉普願禪師弟子。因其住持於趙州（今河北省趙縣）觀音院，傳揚佛教，不遺餘力，時謂「趙州門風」。世稱「趙州和尚」。簡稱「趙州」。

〔2〕頤庵：詩人自稱頤庵居士。

其三

老去居然懶出門，故鄉零落暗消魂。歲寒道義唯松竹〔1〕，伴我東溪沙水村。

〔校注〕

〔1〕歲寒：喻忠貞不屈的節操（或品行）。《資治通鑒・陳宣帝太建十二年》：「梁主奕葉委誠朝廷，當相與共保歲寒。」

其四

身世總為閒伎倆，生前須了惡因緣。把茅約子歸雲壑〔1〕，品字柴頭坐說禪〔2〕。

〔校注〕

〔1〕茅，四庫本作「笒」。　　歸雲壑：猶隱居。

〔2〕柴頭：柴禾。宋蘇軾《豬肉頌》：「淨洗鐺，少著水，柴頭罨煙焰不起。待他自熟莫催他，火候足時他自美。」

卷十六

范成大

范成大（1126～1198），字致能，號石湖居士，吳郡（今江蘇蘇州）人。高宗紹興二十四年（1154）進士，歷知處州、靜江府兼廣南西路安撫使，權禮部尚書，參知政事等職。曾使金國，堅強不屈。晚年退居故鄉石湖。他是南宋四大詩人之一，多關心國事和民瘼之作，尤以田園詩成就較高。著有《石湖居士詩集》《石湖詞》等。今錄戲謔詩94首。

嘲里人新婚

冷豔頩容一笑開〔1〕，休將鸞扇更徘徊〔2〕。箜篌細寫歸舟字〔3〕，彷彿遊仙夢裏來〔4〕。

〔校注〕

〔1〕頩容：光潤而美貌。

〔2〕鸞扇：羽扇的美稱。李商隱《念遠》詩：「皎皎非鸞扇，翹翹失鳳簪。」馮浩箋注：「按：《古今注》：扇始於殷高宗雉雊之祥，服章多用翟羽，故有雉尾扇，後為羽扇。扇名甚多，『鸞扇』可通用矣。」

〔3〕歸舟字：箜篌一曲、箜篌朱字、朱弦字、箜篌歸舟字。《太平廣記》卷十七引《逸史》：「（盧生）引李生入北亭命酌。曰：『兼與公求得佐酒者，頗善箜篌。』須臾，紅燭引一女子至，容色極豔，新聲甚嘉。李生視箜篌上，有朱字一行云：『天際識歸舟，雲間辨江樹。』罷酒，二舅曰：『莫願作婚姻否？此人名家，質貌若此。』李生曰：『某安敢？』……其年，往汴州。行軍陸長源以女嫁之。既婚，頗類盧二舅北亭子所睹者。復解箜篌，果有朱書字。視之，天際之詩兩

句也。李生具說揚州城南盧二舅亭中筵宴之事。妻曰:『少年兄弟戲書此。昨夢見使者云:仙官追。一如公所言也。』李生歡訝。」後以此典詠夢、聽曲、或詠仙事。

〔4〕遊仙夢:古代傳說。五代・王仁裕《開元天寶遺事》卷上《遊仙枕》:「龜茲國進奉枕一枚,其色如瑪瑙,溫溫如玉,其製作甚樸素。若枕之,則十洲三島、四海五湖,盡在夢中所見。帝(玄宗)因立名為遊仙枕,後賜與楊國忠。」

戲贈少梁

屈膝銅鋪畫掩關〔1〕,薰爐誰伴夕香寒。秋來合有相思字,會待風前片葉看。

〔校注〕

〔1〕屈膝銅鋪:屈膝即「屈戍」。其形狀像人屈膝下跪,故稱。金鋪、銀鋪、銅鋪皆門上飾。李賀《惱公》有「門鋪綴白銅」句,其《宮娃歌》:「啼蛄弔月鉤闌下,屈膝銅鋪鎖阿甄。」

戲題藥裹

卷卻絲綸揚卻竿〔1〕,莫隨魚鱉弄腥涎。須知別有垂鉤處,枯海無風浪拍天。

〔校注〕

〔1〕絲綸:釣絲。舊稱帝王之詔敕。《禮記・緇衣》:「王言如絲,其出如綸。」孔穎達疏:「王言初出微細如絲,及其出行於外,言更漸大似綸也。」《魏書・王椿傳》:「宸衷懇切,備在絲綸,祗承兢感,心焉靡厝。」

戲題致遠書房

照叢菊鼉萬黃金,欹架薇條半綠陰〔1〕。逋客已隨丹鳳詔〔2〕,但餘花草怨秋深。

〔校注〕

〔1〕欹架:即懶架。

〔2〕逋客:指漂泊流亡的人,失意的人。白居易《讀李杜詩集因題卷後》詩:「暮年逋客恨,浮世謫仙悲。」

戲答滄庵小偈

莫問前程事，漂然海上舟。命乖逢鬼國〔1〕，緣合遇蓬丘〔2〕。畢竟非身計，俱成錯路頭。故鄉隨腳是，流浪不知休。

〔校注〕

〔1〕鬼國：即一目國。《山海經·海經》：「鬼國在貳負之尸北，為物人面而一目。一曰貳負神在其東，為物人面蛇身。」

〔2〕蓬丘：即蓬萊山，傳說中的海中仙山之一。李白《與從侄杭州刺史良遊天竺寺》有「掛席凌蓬丘，觀濤憩樟樓」。《越中秋懷》有「何必探禹穴，誓將歸蓬丘」。

積雨蒸潤體中不佳頗思故居之樂戲書呈子文

門外泥深蘸馬鞍，墨雲未放四維寬〔1〕。前山忽接後山暗，暑雨全如秋雨寒。夢裏江湖三歎息，醉中天地一憑闌。斗升留滯休惆悵，枳棘從來著鳳鸞〔2〕。

〔校注〕

〔1〕四維：古稱東西南北為四方，東南、西南、東北、西北四隅為四維。《淮南子·天文訓》：「帝張四維，運之以斗……日冬至，日出東南維，入西南維。至春秋分，日出東中，入西中。夏至，出東北維，入西北維。」《晉書·地理志上》：「天有四維，地有四瀆。」《小學紺珠》卷二：「四維：東南，巽；東北，艮；西南，坤；西北，乾。」

〔2〕枳棘：枳、棘，皆為多刺的樹木。古人以「枳棘」比喻惡劣的環境。東漢王渙說主簿仇香，「枳棘非鸞鳳所棲」，將「枳棘」比喻主簿之職。《後漢書》卷六一《黃瓊傳》：「光武以聖武天挺，繼統興業，創基冰泮之上，立足枳棘之林。……興復洪祚，開建中興。」

簽廳夜歸用前韻呈子文

簿書堆裏解歸鞍〔1〕，我亦蕭然轡勒寬〔2〕。爐篆無風香霧直〔3〕，庭柯有月露光寒。閒思喜鵲填河鼓〔4〕，靜數流螢繞井欄。明日又驅官裏去，從教白鷺侶紅鸞〔5〕。

〔校注〕

〔1〕簿書：簿書即官署內的公務文書。杜甫任華州司功時，曾在詩中感歎簿書堆積

之苦。杜甫《早秋苦熱堆案相仍》詩:「七月六日苦炎熱,對食暫餐還不能。⋯⋯束帶發狂欲大叫,簿書何急來相仍。」

〔2〕轡勒:韁繩與帶嚼口的馬籠頭。《大戴禮記・盛德》:「御民者棄其德法,譬猶御馬,棄轡勒而專以策御馬,馬必傷,車必敗。」

〔3〕爐篆:猶篆煙。曲細如篆文的煙氣。

〔4〕河鼓:《太平御覽》卷三一引《日緯書》云:「牽牛星。荊州呼為河鼓,主關梁;織女星主瓜果。」河又作何。《爾雅・釋天》云:「何鼓謂之牽牛。」《太象列星圖》:「河鼓三星,在牽牛北,主軍鼓。⋯⋯昔傳牽牛織女七月七日相見者,則此是也。故《爾雅》云:『何鼓謂之牽牛。』」

〔5〕紅鸞:地支吉星之一種。主管人間婚姻喜事。

聖集誇說少年俊遊用韻記其語戲之

京塵紅軟撲雕鞍〔1〕,年少王孫酒量寬。倚袖竹風憐翠薄,捧杯花露怯金寒。黃雲城上棲烏曲〔2〕,綠水橋邊鬥鴨欄〔3〕。別後相思惟故物,壁煤侵損扇中鸞〔4〕。

〔校注〕

〔1〕紅軟:同「軟紅塵」。紅塵為繁華熱鬧之地飛揚的塵土,蘇軾又稱為軟紅香土。後以此借指都城等繁華熱鬧之地;也指功名利祿角逐之場。《文選・班固〈西都賦〉》:「闉城溢郭,旁流百廛。紅塵四合,煙雲相連。」蘇軾《次韻蔣穎叔、錢穆父從駕景靈宮》二首之一:「半白不羞垂領髮,軟紅猶戀屬車塵。」

〔2〕烏曲:樂府歌曲名。《西曲歌》之一。現存歌辭係梁簡文帝、元帝等作,多敘遊樂之事。又陳後主有《棲烏曲》,實為一調。

〔3〕鬥鴨欄:《三國志・吳志・陸遜傳》載:「時建昌侯慮於堂前作鬥鴨欄,頗施小巧。遜正色曰:『君侯宜勤覽經典以自新益,用此何為?』慮即時毀徹之。」古代富貴人家修建鬥鴨欄,便於觀看鴨子相鬥以作樂消遣。

〔4〕鸞:傳說中鳳凰一類的鳥。張衡《東京賦》:「鳴女床之鸞鳥,舞丹穴之鳳皇。」女床丹穴:傳說中山名。

賞雪騎鯨軒子文夜歸酒渴侍兒薦茗飲蜜漿明日以詫同遊戲為書事邀宗偉同作〔1〕

溪山四時佳,今日更奇絕。天公妙莊嚴,施此一川雪。飛花浩如海,

眩轉塞空闊。水西萬珠樹〔2〕，玉塔照銀闕〔3〕。碧溪不受凍，長灘瀉清咽。漁舟晚猶泛，樵簷寒未歇。懸知畫不到，未省詩能說。歸來強搜句，冰硯冷於鐵。不知嚴夫子〔4〕，迎門生暖熱。梅香不可耐〔5〕，但覺酒腸焬〔6〕。密融花氣動，茶泛乳膏發〔7〕。寧辭春筍寒，為暖花瓷滑。瞢騰畫屏暖〔8〕，喚起眼餘纈。笑我獨何事，作此淡生活。想像《高唐賦》〔9〕，何如徑排闥。

〔校注〕

〔1〕子文：嚴煥，字子文，曾通判建康，與辛棄疾昔時同官，長於書法。《范石湖集》有《送嚴子文通判建康》《次韻嚴子文見寄》《次韻嚴子文旅中見贈》《嚴子文以春雪數作用為瑞不宜多為韻賦詩見寄次韻》等詩。

〔2〕珠樹：神話傳說中能結珠的樹木。《淮南子・地形》：「掘崑崙墟以下地，中有增城九重……上有木禾，其修五尋，珠樹、玉樹、琁樹、不死樹在其西，沙棠、琅玕在其東。」《格致鏡原》卷三十二引《書蕉》：「熊太古在廣時，立珠子提，舉司專掌。蜑人入海取珠，得珠子樹數擔，置憲司公廳，眾人聚觀。如柳枝，珠生於蚌，蚌生於樹，不可上下，樹生於石。蜑人鑿石得樹，樹上求蚌，採珠最多。蜑人不懼，可為異也。」按：當即珊瑚樹。

〔3〕玉塔：喻冰柱。陸游《村居冬日》詩：「簷冰垂玉塔，山月湧金盆。」

〔4〕知，明本、黃本作「如」。

〔5〕自注：「梅即侍兒小名。」

〔6〕焬，明本、黃本作「渴」。

〔7〕乳膏：即茶膏。點茶時量茶受湯調成的乳膠狀物。宋徽宗趙佶《大觀茶論・點》：「妙於此者，量茶受湯，調如融膠，環注盞畔，勿使侵茶。勢不欲猛，先須攪動茶膏，漸加擊拂，手輕筅重，指繞腕旋，上下透徹。」又作乳膏。

〔8〕瞢騰：半醉半醒，朦朧迷糊。謝絳《菩薩蠻・詠目》：「酒闌思翠被，特故瞢騰地。」劉辰翁《點絳唇・寄情》：「醉裏瞢騰，昨宵不記歸時候。」

〔9〕《高唐賦》：舊題戰國楚宋玉作。南朝梁蕭統編《文選》選入卷十九。賦首有序，寫宋玉為楚襄王述說，楚國先王遊於高唐之臺時，曾夢見巫山之女，「王因幸之」。此女去而辭曰：「妾在巫山之陽，高丘之阻，旦為朝雲，暮為行雨，朝朝暮暮，陽臺之下。」楚王聽罷，便令宋玉撰《高唐賦》。劉勰《文心雕龍・詮賦》指出宋玉之賦「述客主以首引，極聲貌以窮文」兩大特點。

韓无咎檢詳出示所賦陳季陵戶部巫山圖詩，仰窺高作，歎息彌襟。余嘗考宋玉談朝雲事，漫稱先王時本無據依。及襄王夢之，命玉為賦，但云旄顏怒以自持，曾不可乎犯干。後世弗察一切，溷以媟語。曹子建賦宓妃亦感此而作此嘲，誰當解者？輒用此意，次韻和呈以資撫掌〔1〕

瑤姬家山高插天〔2〕，碧叢奇秀古未傳。向來題目經楚客〔3〕，名字徑度岷峨前〔4〕。是邪非邪莽誰識〔5〕，喬林古廟常秋色。暮去行雨朝行雲，翠帷瑤席知何人〔6〕。峽船一息且千里，五兩竿頭見旟尾〔7〕。仰窺仙館至今疑，行人問訊居人指。千年遺恨何當申，陽臺愁絕如荒村。《高唐賦》里人如畫〔8〕，玉色旄顏元不嫁。後來饑客眼長寒〔9〕，浪傳樂府吹復彈〔10〕。此事牽連到溫洛〔11〕，更憐塵襪有無間〔12〕。君不見天孫住在銀濤許〔13〕，塵間猶作兒女語。公家春風錦瑟傍，莫為此圖虛斷腸。

〔校注〕

〔1〕隆興二年樞密編修任作。谷鶯《歷代三峽詩歌選注》題作「次韻和韓无咎題陳季陵巫山圖詩，並序」，此題並作序。　韓无咎：即韓元吉（1118～1187），字无咎，號南澗。開封雍邱人。韓元吉詩詞多抒發山林情趣，著有《澗泉集》《澗泉日記》《南澗甲乙稿》《南澗詩餘》，存詞 80 餘首，是范成大的好友，彼此唱和頗多。旄顏：美好的面貌。《楚辭·遠遊》：「玉色旄以脕顏兮。」王逸注：「面目光澤，以鮮好也。」媟（xié）語：輕慢不敬之辭。曹子建賦宓妃：指曹植《洛神賦》，宓妃便是其中之人物。

〔2〕瑤姬：瑤姬為神話故事中的天帝之女，即巫山神女。詩詞中常用以泛指仙女。《文選》卷一九戰國楚宋玉《高唐賦序》：「妾巫山之女也。」唐李善注引《襄陽耆舊傳》：「赤帝女曰姚姬，未行而卒，葬於巫山之陽，故曰巫山之女。」北魏酈道元《水經注》卷三四《江水二》：「宋玉所謂天帝之季女，名曰瑤姬，未行而亡，封於巫山之臺，精魂為草，實為靈芝，所謂巫山之女，高唐之姬。」

〔3〕楚客：指屈原。屈原被謗，遭放逐，因稱。李商隱《九日》詩：「不學漢臣栽苜蓿，空教楚客詠江蘺。」亦泛指客居他鄉者。岑參《送人歸江寧》詩：「楚客憶鄉信，向家湖水長。」

〔4〕岷峨：岷山北支。杜甫《劍閣》：「珠玉走中原，岷峨氣悽愴。」

〔5〕誰，明本、黃本作「難」。

〔6〕翠帷：以翠鳥羽毛裝飾的帷幄。一說翠綠色的帷幄。司馬相如《子虛賦》：「張

翠帷，建羽蓋。」瑤席：華美的坐席。《東皇太一》：「瑤席兮玉瑱。」汪瑗集
解：「瑤席者，美詞也。或曰以瑤而飾之也。」

〔7〕五兩：用雞毛繫於檣尾以候風，因毛重五兩，所以楚人這樣稱呼它。旜：古代
旗名。長方而下垂的旗子。同「幡」。亦為旌旗的總稱。劉禹錫《西塞山懷古》
詩：「千尋鐵鎖沉江底，一片降旜出石頭。」

〔8〕《高唐賦》：見上詩注〔9〕。

〔9〕饑客：唐代大詩人杜甫祖籍在杜陵，他也曾住家杜陵附近的少陵，一生長期流
離輾轉，直至晚年寓居成都時，時常吐訴缺衣少食淪落不已的窘迫之苦。蘇軾
在詩中曾稱他為「杜陵饑客」。杜甫《醉時歌》：「杜陵野客人更嗤，被褐短窄
鬢如絲。……但覺高歌有鬼神，焉知餓死填溝壑。」蘇軾《蘇軾詩集》卷一六
《續麗人行》：「杜陵饑客眼長寒，蹇驢破帽隨金鞍。」

〔10〕浪傳：空傳，虛傳。杜甫《得舍弟消息》詩：「浪傳烏鵲喜，深負鶺鴒詩。」

〔11〕溫洛：古代傳說，謂王者如有盛德，則洛水先溫。後因用作歌頌帝王之典。《太
平御覽》卷六二引《易緯乾鑿度》：「帝威德之應，洛水先溫，六日乃寒。」南
朝梁劉勰《文心雕龍・正緯贊》：「榮河溫洛，是孕圖緯。」

〔12〕塵襪：曹植《洛神賦》形容洛神的形態，有「凌波微步，羅襪生塵」之語。原
為形容洛神行步之美。後因用為詠美人的典實。

〔13〕天孫：即織女星。見《史記》：「織女天女孫也。」

次韻魏端仁感懷俳諧體〔1〕

浪學騷人賦遠遊，大千何事不悠悠。酒邊點檢顏紅在，鏡裏端詳鬢
雪羞。過眼浮雲翻覆易〔2〕，曲肱短夢破除休〔3〕。孤煙落日冥鴻去〔4〕，
心更冥鴻最上頭。

〔校注〕

〔1〕作於紹熙三年。

〔2〕浮雲：孔子有「不義而富且貴，於我如浮雲」語。後因用「富貴浮雲」以歌詠
輕視富貴的高潔情操。

〔3〕曲肱：《論語・述而》：「子曰：『飯蔬食飲水，曲肱而枕之，樂亦在其中矣。』」
宋邢昺疏：「蔬食，菜食也。肱，臂也。言已飯菜食、飲水、寢則曲肱而枕之，
以此為樂。」

〔4〕冥鴻：漢揚雄《法言・問明》：「治則見，亂則隱，鴻飛冥冥，弋人何簒焉！」

杜甫《寄劉峽州伯華使君四十韻》：「咄咄寧書字，冥冥欲避鴻。」辛棄疾《水調歌頭・和鄭舜舉蔗庵韻》：「此樂竟誰覺，天外有冥鴻。」杜甫詩、辛棄疾詞皆用以比喻隱居避世。但後人又用冥鴻指天上高飛的鳥，引申意也指前程遠大。

和周子充侍郎見寄樂府戲贈之作〔1〕

釣海風水急，登樓塵霧高。不如岸綸巾〔2〕，春船攜小橋。芳草含奇薰，光景上東壁。桂林那辦此，辦作安昌客〔3〕。

〔校注〕

〔1〕周子充：即周必大。周必大（1126～1204）字子充，一字洪道，自號平園老叟。吉州廬陵（今江西吉安）人。南宋大臣、著作家。紹興進士。教授建康府。孝宗時，任起居郎，應詔上十事，皆切時弊，權給事中，秘書少監、中書舍人。任樞密使時，創諸軍點試法。孝宗淳熙末，拜右丞相，封濟國公，推薦朱熹入朝。光宗時，封益國公，後以觀文殿大學士出判潭州（今湖南長沙）。慶元初，以少傅致仕。著作繁富。有《玉堂類稿》《玉堂雜記》《二老堂詩話》等，後人彙編為《益國周文忠公全集》。

〔2〕綸巾：亦稱「諸葛巾」。絲織頭巾。流行於三國及兩晉。相傳為三國時諸葛亮所創。南朝宋劉義慶《世說新語・簡傲》：「謝中郎（萬）是王藍田（述）女婿，嘗箸白綸巾，肩輿徑至揚州聽事，見王，直言曰：『人言君侯癡！』」《晉書・謝安傳》：「（謝萬）早有時譽，工言論，善屬文，敘漁父、屈原、季主、賈誼、楚志、龔勝、孫登、嵇康四隱四顯，為八賢論……弱冠闢司徒掾，遷右西屬，不就。簡文帝作相，聞其名，召為撫軍從事中郎，萬著白綸巾，鶴氅裘，履版而前。」蘇軾《念奴嬌・赤壁懷古》詞：「羽扇綸巾，談笑間，強虜灰飛煙滅。」《三才圖會・衣服》：「諸葛巾，此名綸巾，諸葛武侯嘗服綸巾，執羽扇，指揮軍事，正此巾也。因其人而名之。」

〔3〕安昌客：張禹，字子文。為漢文帝之師，封安昌侯。《漢書・張禹傳》：「禹成就弟子尤著者，淮陽彭宣至大司空，沛郡戴崇至少府九卿。宣為人恭儉有法度，而崇愷弟多智，二人異行。禹心親愛崇，敬宣而疏之。崇每候禹，常責師宜置酒設樂與弟子相娛。禹將崇入後堂飲食，婦女相對，優人管絃鏗鏘極樂，昏夜乃罷。而宣之來也，禹見之於便坐，講論經義，日晏賜食，不過一肉，卮酒相對。宣未嘗得至後堂。」後以此典表現師生等的關係，以「入後堂」等指感情親密融洽。

五雜組四首

古樂府有《五雜組》及《兩頭纖纖》，殆類酒令。孔平仲最愛作此以為詩戲，亦傚之。〔1〕

其一

五雜組，同心結〔2〕。往復來，當窗月。不得已，話離別。

〔校注〕

〔1〕五雜組：《古五雜組詩》：「五雜組，岡頭草。往復還，車馬道。不獲已，人將老。」此仿其體。

〔2〕同心結：亦稱「同心方勝」。以錦帶製作之菱形連環迴文結紐，用以表示恩愛，或在離別時用以贈人。南朝梁武帝《有所思》詩：「腰中雙綺帶，夢為同心結。」

其二

五雜組，流蘇縷。往復來，臨行語。不得已，上馬去。

其三

五雜組，迴文機〔1〕。往復來，錦梭飛。不得已，獨畫眉。

〔校注〕

〔1〕迴文機：源見「織錦迴文」。用以表示閨怨豔情。施肩吾《望夫詞》：「手爇寒燈向影頻，迴文機上暗生塵。」蘇軾《減字木蘭花·得書》：「香箋一紙，寫盡迴文機上意。」

其四

五雜組，彩絲針。往復來，鳥投林。不得已，夢孤衾。

兩頭纖纖二首〔1〕

其一

兩頭纖纖探官繭〔2〕，半白半黑鶴氅緣。膈膈膊膊上帖箭〔3〕，磊磊落落封侯面。

〔校注〕

〔1〕兩頭纖纖：雜體詩之一種。古樂府有無名氏詩，首句為「兩頭纖纖月初生」，因以名篇。後人仿其體，遂沿為雜體詩之一。

〔2〕探官繭：五代王仁裕撰《開元天寶遺事》寫到唐人在正月製作「探官繭」云：「都中每至十五日，造麵繭，以官位帖子，卜官位高下，或賭筵宴，以為戲笑。」唐代長安每年正月的一種風俗，官僚家庭製作一種兩頭小，中間大的繭狀麵食，在餡中放置寫有官品的紙籤或木片，由各人自取而食，以餡中所藏官籤預卜本人將來官品的高下。其俗宋代以後尚存。

〔3〕膈膈膊膊：表示自然界各種連續起伏的聲音。

其二

兩頭纖纖小秤衡〔1〕，半白半黑月未明。膈膈膊膊扣戶聲，磊磊落落金盤冰。

〔校注〕

〔1〕小秤衡：衡量輕重的器具。古代指使用大型權器的等臂大天平，自唐以來專指桿秤。唐虞世南《北堂書鈔》卷三七引蜀諸葛亮《雜言》：「吾心如秤，不能為人作輕重。」《魏書·張普惠傳》：「令依今官度官秤，計其斤兩廣長，折給請俸之人。」《舊唐書·上官昭容》：「初，婉兒在孕時，其母夢人遺以大秤，占者曰：『當生貴子，而秉國權衡。』既生女，聞者嗤其無效，及婉兒專秉內政，果如占者之言。」上官昭容，即上官婉兒。

再賦五雜組四首

其一

五雜組，綬若若〔1〕。往復來，大車鐸。不得已，去丘壑。

〔校注〕

〔1〕綬若若：借指官位爵祿。《漢書》：「印何累累，綬若若耶？」累累，相連繫之貌。若若，下垂貌。綬，組也，以承受印環者。蘇軾《和劉道原寄張師民》詩：「仁義大捷徑，詩書一旅亭。相誇綬若若，猶誦麥青青。」

其二

五雜組，侯門戟。往復來，道上檄。不得已，天涯客。

其三

五雜組，漢旌旆。往復來，賓鴻字。不得已，餐氊使〔1〕。

〔校注〕

〔1〕漢旄旆、餐氈使：《漢書·蘇武傳》：蘇武出使匈奴，單于欲降蘇武，「乃幽武
　　置大窖中，絕不飲食。天雨雪，武臥齧雪與旃（氈）毛並咽之，數日不死，匈
　　奴以為神，乃徙武北海上無人處，使牧羝（公羊），羝乳乃得歸……武既至海
　　上，廩食不至，掘野鼠，去草實而食之。杖漢節牧羊，臥起操持，節旄盡落。」
　　後歸漢，官拜典屬國。蘇武出使匈奴被禁，餐氈齧雪，持節牧羊，堅貞不屈。
　　後遂用「蘇武看羊、海上看羊、餐氈、齧氈」等寫陷身異國或謫居他鄉的困苦，
　　堅守節操的艱辛；用「蘇武節、漢使節、漢節」等比喻堅貞的氣節，或稱譽使
　　者的符節；用「牧羊臣」比喻忠貞守節的人。

其四

五雜組，非煙雲。往復來，朝馬塵。不得已，嬰龍鱗〔1〕。

〔校注〕

〔1〕嬰龍鱗：比喻觸怒龍顏，帶來殺身之禍。黃庭堅《思賢》：「勁氣坐中掩虎口，
　　忠言天上嬰龍鱗。」

戲題牡丹

　　主人細意惜芳春，寶帳籠階護紫雲。風日等閒猶不到，外邊蜂蝶莫
紛紛。

與鄭少融趙養民二使者訪古訾家洲歸憩松關二君欲助力興廢戲書此付長老善良以當疏頭〔1〕

　　飄飄竹雨潤輕裘，嫋嫋松風繫小舟。安得從容興廢手〔2〕，越人重上
訾家洲〔3〕。

〔校注〕

〔1〕鄭少融，長樂人。官至吏部尚書。趙養民，玉懷（一作山）人。二人與張敬夫
　　在桂林水月洞留有題名，二人與范成大於淳熙元年在七星岩亦留下題名。范成
　　大有《次韻趙養民碧虛坐上》詩。訾家洲：相傳過去曾有訾姓居住洲上，故名
　　「訾家洲」。簡稱「訾洲」，一名「浮洲」。訾家洲與象山隔江相望，四周群峰
　　遙列。每當春雨迷離，煙霧空漾時節，訾洲被輕紗籠罩，最是引人入勝。「訾
　　洲煙雨」是桂林八景之一。

〔2〕興廢手：指重建訾洲的人士。

〔3〕越人：兩廣屬南越之地。此指桂林人。

畫工李友直為余作《冰天》《桂海》二圖，《冰天》畫使北虜渡黃河時，《桂海》畫遊佛子岩道中也。戲題〔1〕

　　許國無功浪著鞭〔2〕，天教飽識漢山川。酒邊蠻舞花低帽〔3〕，夢裏胡笳雪沒韉〔4〕。收拾桑榆身老矣，追隨萍梗意茫然〔5〕。明朝重上歸田奏，更放岷江萬里船〔6〕。

〔校注〕

〔1〕李，黃本作「季」。　　此詩作於孝宗淳熙元年（1174）。其時作者知靜江府、廣西經略安撫使（一說時任四川制置使）。《冰天》畫乾道六年（1170）詩人為祈請國信使出使金國渡黃河時情景，《桂海》畫遊佛子岩道中情景。佛子岩距桂林十里，一山突起，山腰有上中下三洞。李友直，南宋畫家，工山水。南劍州劍浦（今福建南平）人。李侗長子。登進士第。隆興中，為左修職郎、信州鉛山縣尉。提舉桐柏觀。

〔2〕許國：以身許國。著鞭：加鞭，含有爭光、奮勉向前之意。語出西晉劉琨書信中語：「吾枕戈待旦，志梟逆虜，常恐祖生（指友人祖逖）先吾著鞭。」

〔3〕蠻舞：南方的舞蹈。古時中原人呼南方人為「蠻」。花低帽：桂林舞者帽上簪有紅槿花，跳舞時帽花隨舞姿而高低或旋轉。晏幾道《鷓鴣天》：「舞低楊柳樓心月，歌盡桃花扇底風。」

〔4〕韉：馬鞍的墊子。

〔5〕萍梗：指浮萍與斷梗。浮萍與斷梗隨處飄蕩，用以比喻人的行蹤無定。唐陸肱《萬里橋賦》：「家本江都，羨波濤而自返；身留蜀地，隔萍梗以堪驚。」見《文苑英華》卷四六。

〔6〕歸田奏：歸隱之奏章。萬里船：暗用杜甫「門泊東吳萬里船」，是時詩人已接改官四川制置使之朝命，而故鄉則在平江府（今蘇州），故有此聯想。此兩句表明歸田本意，展示出報國之士人生與心靈之歷程。

耳鳴戲題

　　歷歷從何起，泠泠與耳謀〔1〕。人言衰相現，我以妄心求。遠磬山房夜，寒蛩隴樹秋。圓通無別法〔2〕，但自此根修。

〔校注〕

〔1〕冷冷：清涼貌。漢徐幹《情詩》：「高殿鬱崇崇，廣廈淒冷冷。」

〔2〕圓通：佛教指修道者對佛法的理解和掌握，達到不偏倚，無障礙，圓滿貫通的
境界。《楞嚴經》卷二二：「阿難及諸大眾，蒙佛開示，慧覺圓通，得無疑惑。」
《首楞嚴經》：「佛問圓通，我從耳門，圓照三昧，緣心自在，因入流相，得三
摩提，成就菩提，斯為第一。」

復作耳鳴二首

其一

至音豈寂透希夷〔1〕，珍重幽田為發揮〔2〕。妙用何關新卷葉，圓通
自有倒聞機。夢中鼓響生千偈〔3〕，覺後春聲失百非。寄語爵陰吞賊道，
玉床安穩坐朱衣〔4〕。

〔校注〕

〔1〕至音：極高深的音樂。希夷：《老子》：「視之不見名曰夷，聽之不聞名曰希。」
河上公注：「無色曰夷，無聲曰希。」後人以「希夷」指虛無玄妙，或指清靜
無為。

〔2〕幽田：耳的代稱。《黃庭內景經·至道》：「耳神空閒字幽田。」白履中注：「空
閒幽靜，聽物則審，神之所居，故曰田也。」

〔3〕千偈：偈是佛經中的頌詞。佛經常用「八萬四千」形容法門之多。蘇軾遊廬山
東林寺作偈，黃庭堅認為蘇軾詩偈有不傳之妙。

〔4〕玉林：天床之美稱。

其二

東極空歌下始青〔1〕，西方寶網奏《韶》《英》〔2〕。不須路入兜元國
〔3〕，自有音聞室筏城〔4〕。牛蟻誰知床下鬥〔5〕，雞蠅任向夢中鳴。如今
卻笑難陀種〔6〕，無耳何勞強聽聲。

〔校注〕

〔1〕東極：東方邊遠之地，也指東海。杜甫《長江》之二：「浩浩終不息，乃知東
極臨。」始青：仙山名。舊題漢東方朔《海內十洲記》序：「曾隨師主履行，
比至朱陵、扶桑、蜃海、冥夜之丘，純陽之陵，始青之下，月宮之間，內遊七
丘，中旋十洲。」

〔2〕寶網：指雲臺寶網。佛教神話的空中臺閣。佛教《宗鏡錄》：「雲臺寶網，書演妙音；毛孔光明，皆能說法。」《華嚴經》：「虛空中成大光明雲網臺。」意為天上雲瑞祥光四照的神仙宮闕。清乾隆《圓明園四十景圖詠·日天琳宇》：「天外標化城，不許紅塵雜。雲臺寶網中，時有鐘魚答。」是將「日天琳宇」的瑞應宮，喻為神仙的宮殿臺閣。《韶》《英》：舜樂和帝嚳樂，亦泛指古樂。此指高雅的境界。

〔3〕兜元國：即「耳中兜元國」。牛僧儒《玄怪錄》：唐玄宗開元年間，前進士張佐見老父，言姓申名宗，前生梓潼薛君冑也。居鳴鶴山中，八月十五日，長嘯獨飲，忽覺兩耳中有車馬聲，因頹然思寢。才至席，有小車出耳中，二童長二三寸，憑軾呼御者，踏輪扶下，曰：「自兜玄（元）國來。」君冑大駭曰：「君適出我耳，何謂兜玄（元）國來？」二童曰：「國在吾耳。君耳安能處我一童？」因傾耳示君冑，君冑捫耳投之，已至一都會，城池樓堞。窮極瑰麗，向之二童，已在側從謁，蒙玄真伯宣制，授主錄大夫。引至一曹署，意有所念，左右必先知，當便供給。因暇登樓遠望，忽有歸思。二童怒，疾逐君冑，如陷落地，仰視，乃自童子耳中落，已在舊處，童子亦不復見。鄰人失君冑，已七八年矣。未幾，君冑卒，遂生於申家，即今身也。

〔4〕室筏城：《楞嚴經》：「如我乞食室羅筏城，在祇陀林則無有我，此聲必來阿難耳處。」

〔5〕牛蟻：形容人病體虛弱，神思恍惚。《世說新語·紕漏》：「殷仲堪父病虛悸，聞床下有蟻動，謂是牛斗。」《晉書·殷仲堪傳》亦載，作「仲堪父嘗患耳聰。」後以此典指心神驚悸；也形容世間的無謂爭鬥。

〔6〕難陀種：龍王名，義譯為歡喜。

施進之追路出嚴關且寫予真戲題其上

喚渡牂牁瘴水濱〔1〕，嚴關關外又逢春〔2〕。神仙富貴俱何在，且作全家出嶺人。

〔校注〕

〔1〕牂牁：古方國名。最早的文獻記載見於《管子·小匡篇》，桓公曰：「余乘車之會三，兵車之會六，九合諸侯，一匡天下，北至於孤竹、山戎、穢貉、拘泰夏，西至流沙西虞，南至吳、越、巴、牂牁、獂、不庾、雕題、黑齒。」房玄齡注曰：「皆南夷之國號也。」牂牁與吳、越、巴等方國在春秋戰國時並列存在於

南方，桓公稱霸之時，已有牂牁，說明牂牁古國在齊恒公會盟之前即有。牂牁，又郡名，西漢元鼎六年置，轄境約當今貴州大部，廣西西北部和雲南東部。

〔2〕嚴關：亦名炎關。位於廣西興安縣城嚴關鎮，關口建於獅子山與鳳凰山之間，兩山對峙，形勢險要，傳說始建於秦代。南宋景炎元年（1276），元將阿里海牙與宋將馬墍在此展開攻守戰，宋軍守關嚴密，元軍一度難以進入廣西。後分兵繞道平樂而入臨桂，宋將誤棄嚴關不守，元軍乃大舉進入廣西，奪取桂林。

戲題愚溪〔1〕

碧湍漱白石，沄沄復湯湯〔2〕。既為人所愚，安用爾許忙。我昔曾經過，重來已三霜。無事趼雙足，奔走寧非狂。溪流到江平，翻笑客路長。豈不有歲晚，乞身還故鄉。

〔校注〕

〔1〕愚溪：湖南永州柳宗元命名的一條無名小溪。

〔2〕沄沄：水波洶湧迴旋貌。《楚辭·九思·哀歲》：「流水兮沄沄。」

初入峽山效孟東野〔1〕

峽山偪而峻，峽泉湍以碕。峽草如毹毛，峽樹多樛枝。峽禽惟杜鵑，血吻日夜啼〔2〕。峽馬類黃狗，不能長鳴嘶。峽曉虎跡多，峽暮人跡稀。峽路如登天，猿鶴不敢梯。僕夫負嵎哭，我亦呻吟悲。悲吟不成章，聊賡峽哀詩。

〔校注〕

〔1〕原注：自此登陸至秭歸。

〔2〕峽禽二句：由於杜鵑鳴叫的清孤冷雋、綿續反覆，人們認為它是一種怨鳥。詩人們常常感懷而引發思歸的幽怨。又因杜鵑夜啼達旦，而喙部有紅色。故「子規啼血」「血漬草木」的觀念深入人心。

戲書麻線堆下〔1〕

一身半世走奔波，疑是三生宿債多〔2〕。折券已饒麻線嶺〔3〕，責償難免竹竿坡。

〔校注〕

〔1〕麻線堆：山名，在湖北秭歸境內。范成大《吳船錄》云：「甲子，泊歸州。……
先是過麻線堆下，人告余不需登山，有浮屠法實於山腳刊木開路，盡避麻線之
厄。縣尉孫某作小記，龕道傍石壁上。余感之，謂一道人獨能辦此，況以官司
力耶？乃作《麻線堆》詩以遺四君。是時，余改成都路制置使，號令不及峽中，
故以詩道之。」

〔2〕宿債：佛教謂前世作惡而欠下的債。《楞嚴經》卷六：「如是比丘，於世真脫，
酬還宿債，不遊三界。」

〔3〕折券：銷毀債券，不再索償。《史記·高祖本紀》：「歲竟，此兩家常折券棄責
（債）。」

嘲峽石

峽山江濱，亂石萬狀，極其醜怪，不可形容，舉非世間諸所有石之比。
走筆戲題，且以紀異。

峽山狠無情，其下多醜石。頑質賈憎垂〔1〕，傀狀發笑啞〔2〕。粗類
墳壤黃，沉漬鐵矢黑。或如溝泥涴〔3〕，或似凍壁坼。堆疑聚廩粟，陊
若壞城甓〔4〕。槎牙鏤朽木〔5〕，狼籍委枯骼。礧砢包蠃蚌〔6〕，淋漓鋼鉛
錫〔7〕。縱文瓦溝壟，橫迸衣折襞〔8〕。鱗皴斧鑿餘〔9〕，坎窞蹴踏力〔10〕。
云何清淑氣〔11〕，孕此詭譎跡。我本一丘壑，嗜石舊成癖。端溪紫琳腴
〔12〕，洮河綠沉色〔13〕。階冊截肪膩〔14〕，泗磬鳴球擊〔15〕。嵌空太湖底
〔16〕，偶立韶江側〔17〕。真陽劘千岩〔18〕，營道鑱寸碧〔19〕。倦遊所閱多，
未易一二籍。暍來茲山下〔20〕，刺眼昔未覿。或云峽多材，奇秀鬱以積。
絕代昭君村，驚世屈原宅。東家兩兒女，氣足豪萬國。山石何重輕，奚
暇更融液〔21〕。我亦味其言，作詩曉行客。

〔校注〕

〔1〕垂，黃本作「唾」。　　賈：招來。憎唾：憎恨唾棄。

〔2〕傀：怪異。笑啞：出聲大笑。語出《易·震》：「震來虩虩，笑言啞啞。」

〔3〕涴：污染。韓愈《合江亭》：「願書岩上石，勿使泥塵涴。」

〔4〕陊（duò）：塌，落；墜落；破敗。皮日休《吳中苦雨》詩：「一苞勢欲陊，將
撐乏寸木。」甓（pì）：磚，瓦。

〔5〕槎牙：錯雜不齊貌。陸龜蒙《奉和襲美太湖詩・太湖石》：「槎牙真不才，反作天下彥。」蘇軾《江上看山》：「前山槎牙忽變態，後嶺雜杳如驚奔。」

〔6〕礧砢：樹木多節，此形容亂石。比喻人之有奇材異能。《世說新語・排調》：「孝武屬王珣求女婿，曰：『王敦桓溫磊砢之流，既不可復得，……正如真長（劉惔）敬之（王獻之）比，最佳。』」也作「磊砢」。《晉書・庾敳傳》：「敳更器（溫嶠），目嶠森森如千丈松，雖礧石可多節目，施之大廈，有棟樑之用。」也作「礫砢」。皮日休《七愛・李翰林》：「礫石可千丈松，澄澈萬尋碧。」贏蚌：貝殼類動物。

〔7〕鉛錫：北朝北齊乾明、皇建（公元559～560）以後，「常平五銖」劣質鉛錫小錢的俗稱。

〔8〕襞（bi）：折疊。

〔9〕鱗皴：魚鱗狀的皺皮，裂痕。袁高《茶山詩》：「終朝不盈掬，手足皆鱗皴。」皮日休《虎丘寺殿前有古杉一本》：「突兀方相脛，鱗皴夏氏胝。」

〔10〕坎窞：坑穴。喻險境。《易・習坎》：「習坎，入於坎窞，凶。」孔穎達疏：「既處坎底，上無應援，是習為險難之事無人應援，故入於坎窞而至凶也。」蹴踏：踐踏。

〔11〕清淑：清和。韓愈《送廖道士序》：「衡山之神既靈，而郴之為州，又當中州清淑氣，蜿蟬扶輿，磅礡而鬱積。」

〔12〕端溪：溪名。在廣東省高要縣東南。產硯石。製成者稱端溪硯或端硯，為硯中上品。後即以「端溪」稱硯臺。端硯，色紫。　紫琳腴：端硯的雅稱。清王繼香之叔弟蓄端石一片，徑四寸，純紫，發墨，因取范石湖詩意以名，且銘曰：「其平如砥，其薄如紙，守貞取默是之取爾。」見《醉庵硯銘》。

〔13〕洮河：洮硯用產於洮河的一種綠色石頭製成。宋趙希鵠《洞天清祿集・古硯辨》：「除端歙二石外，惟洮河綠石，北方最貴重，綠如藍，潤如玉，發墨不減端溪下岩。然石在臨洮大河深水之底，非人力所致，得之為無價之寶。」

〔14〕階冊：指臺階旁的書冊。截肪：切開的脂肪。喻顏色和質地白潤。曹丕《與鍾大理書》：「竊見玉書稱美玉，白如截肪，黑譬純漆，赤擬雞冠，黃侔蒸栗。」

〔15〕泗磬：《尚書・禹貢》：「嶧陽孤桐，泗濱浮磬。」孔穎達疏：「泗水旁山而過，石為泗水之涯，石在水旁，水中見石，似若水上浮然，此石可以為磬，故謂之浮磬也。貢石而言磬者，此石宜為磬，猶如砥礪然也。」後以此典指受喜愛有價值之物。晉董京《答孫楚》：「鸚鵡能言，泗濱浮磬。眾人所玩，豈合物情。」

晉張翼《詠懷詩》:「雖非嶧陽椅,聊以翩泗磬。」鳴球:謂擊響玉磬。《書·
益稷》:「戛擊鳴球,搏拊琴瑟。」孔傳:「球,玉磬。」孔穎達疏:「《釋器》
云:球,玉也。鳴球謂擊毬使鳴。樂器惟磬用玉,故球為玉磬。」

〔16〕嵌空:凹陷。范成大《吳船錄》卷下:「沿江石壁下,忽嵌空為大石屋,即石
　　　　鑿為像。」

〔17〕韶江:河名,在今廣東。

〔18〕真陽:縣名,在今河南正陽縣。千岩:形容山巒起伏,連綿不斷。南朝宋劉義
　　　　慶《世說新語·言語》:「顧長康(愷之)從會稽還,人問山川之美,顧云:『千
　　　　岩競秀,萬壑爭流,草木蒙籠其上,若雲興霞蔚。』」

〔19〕營道:縣名,在今湖南道縣。寸碧:指遠方景物。山水樹林等綠色景物,遠視
　　　　之形體甚小,故稱。范成大《過平望》:「寸碧闊高浪,孤墟明夕陽。」

〔20〕朅來:猶言來,來到。唐張九齡《歲初登高安南樓言懷》:「朅來彭蠡澤,栽經
　　　　敷淺原。」

〔21〕融液:猶言融為一體。宋葉適《孫永叔墓誌銘》:「凡書籍義類深淺,古今事物
　　　　變通,採章錯綜,機神融液,往往心悟所以然,越之稠儒廣士,爭傾下君。」

巴蜀人好食生蒜,臭不可近,頃在嶠南,其人好食檳榔,合蠣灰、扶留藤一名蔞藤食之,輒昏然,已而醒快,三物合和,唾如膿血,可厭。今來蜀道,又為食蒜者所薰,戲題

　　　旅食諳殊俗,堆盤駁異聞。南餐灰薦蠣,巴饌菜先葷。幸脫蔞藤醉,
還遭胡蒜薰〔1〕。絲蓴鄉味好,歸夢水連雲。

〔校注〕

〔1〕胡蒜:即大蒜。百合科多年生宿根草本植物,作一年生或二年生栽培。《急就
　　　篇》卷三:「芸蒜薺芥茱萸香。」唐顏師古注:「蒜,大小蒜也,皆辛而葷。」
　　　別名:葷菜。《本草綱目》卷二六《菜部·蒜》釋名:「(李)時珍曰:蒜乃五
　　　葷之一,故許氏《說文》謂之葷菜。」

曉發飛鳥晨霞滿天少頃大雨吳諺云朝霞不出門暮霞行千里驗之信然戲紀其事

　　　朝霞不出門,暮霞行千里。今晨日未出,曉氣散如綺。心疑雨再作,
眼轉雲四起。我豈知天道,吳農諺云爾。古來占滂沱,說者類恢詭。飛

雲走群羊，停雲浴三豨。月當天畢宿〔1〕，風自少女起。爛石燒成香，汗礎潤如洗。逐婦鳩能拙〔2〕，穴居狸有智。蜉蝣強知時，蜥蜴與聞計。垤鳴東山鸛〔3〕，堂審南柯蟻〔4〕。或加陰石鞭，或議陽門閉。或云逢庚變，或自換甲始。刑鵝與象龍〔5〕，聚訟非一理。不如老農諺，響應捷如鬼。哦詩敢誇博，聊用醒午睡。

〔校注〕

〔1〕畢宿：星官名。亦稱「天濁」。二十八宿之一。西方白虎七宿的第五宿。有星八顆，即金牛座八星。《禮記·月令》：「孟秋之月，旦，畢中。」《爾雅》：「濁謂之畢。」郭璞注：「掩兔之畢或呼為濁。」古代以畢宿狀如一長柄且分叉之畢，故名。《詩經·雅·漸漸之石》：「月離于畢，俾滂沱矣。」朱熹注：「離，月所宿也。月離畢將雨之徵也。」以畢口北星為距星。

〔2〕鳩拙：《禽經》：「鳩拙而安。」張華注：「鳩，鳲鳩也。《方言》云：『蜀謂之拙鳥，不善營巢，取烏巢居之，雖拙而安處也。』」鳲鳩，布穀。後用為自稱性拙的謙辭。

〔3〕垤：亦稱「蟻壤」「蟻冢」「蟻封」「蟻垤土」。螞蟻在洞口堆聚的土。顆粒極小，藥用。《詩·豳風·東山》：「鸛鳴于垤，婦嘆于室。」毛傳：「垤，蟻冢也。」《韓非子·說林上》：「蟻冬居山之陽，夏居山之陰，蟻壤寸而仞有水。」

〔4〕南柯蟻：同「南柯一夢」。

〔5〕刑鵝：祭雨時的一種方式。陸九淵主持地方祈雨時「刑鵝薦血，瘞於壇側」。

遂寧府始見平川喜成短歌〔1〕

峽之西，遂之東。更無平地二千里，惟有高山三萬重。不知誰人鑿混沌〔2〕，獨此融結何其工。我本江吳弄水月，忽來踏徧西南峰。不知塵界在何許，但怪星辰浮半空。直疑飛入蝶夢境〔3〕，此豈應有人行蹤。今朝平遠見城郭，云是東川軍府雄〔4〕。原田坦若看掌上〔5〕，沙路淨如行鏡中。芊區粟壟潤含雨，楮林竹徑涼生風。將士歡呼馬蹄快，康莊直與錦里通〔6〕。半年崎嶇得夷路，一笑未暇憐飄蓬。

〔校注〕

〔1〕遂寧府：南宋遂寧府，大部位於今四川省遂寧市與重慶市潼南區。

〔2〕鑿混沌：開天闢地。混沌，古代傳說世界開闢前元氣未分、模糊一團的狀態。

喻指改造事物原有的自然狀態。《莊子‧應帝王》:「南海之帝為儵,北海之帝為忽,中央之帝為渾沌。儵與忽時相與遇於渾沌之地,渾沌待之甚善。儵與忽謀報渾沌之德,曰:人皆有七竅以視聽食息。此獨無有,嘗試鑿之。』日鑿一孔,七日而渾沌死。」相傳渾沌沒有七竅,其友為他鑿孔,七孔鑿成,渾沌死去。漢班固《白虎通‧天地》:「混沌相連,視之不見。聽之不聞,然後剖判。」

〔3〕蝶夢境:《莊子‧齊物論》:「昔者莊周夢為胡蝶,栩栩然胡蝶也。自喻適志與!不知周也。俄然覺,則蘧蘧然周也。不知周之夢為胡蝶與?胡蝶之夢為周與?」後遂以「胡蝶夢」為詠夢與表示人生虛幻的典故。

〔4〕遂寧在唐時為劍南東川節度仗鉞地,唐末兩宋又為武信軍節度駐地,一度提舉遂、合等七州兵甲兼梓、夔兩路兵馬鈐轄。

〔5〕原田:在平原上開墾出來的田畝。《左傳‧僖公二十八年》:「原田每每,捨其舊而新是謀。」唐張九齡《奉和聖燭龍齋祭》詩:「雨我原田,亦既有年。」

〔6〕康莊:平坦寬廣、四通八達的道路。錦里:成都別稱。遂府自古為巴蜀要道,地平坦,土膏腴。

雨後東郭排岸司申梅開方及三分戲書小絕令一面開燕〔1〕

雨入南枝玉蕊皺,合江雲冷凍芳塵。〔2〕司花好事相邀勒,不著笙歌不肯春。

〔校注〕

〔1〕東郭:地名,小東郭。排岸司:宋官署名。屬司農寺。掌有關各地至京師水運綱船運輸事項。燕:通宴,宴席,遊樂。

〔2〕合江:在成都東南,錦江與清遠江交匯處。一云位於四川省成都市府河與南河交匯處。

浣花戲題爭標者

凌波一劇便捐生〔1〕,得失何曾較重輕。蝸角虛名人尚愛〔2〕,錦標安得笑渠爭〔3〕。

〔校注〕

〔1〕捐生:捨棄生命。

〔2〕蝸角虛名:蝸角:蝸牛的觸角。《莊子‧則陽》:「有國於蝸之左角者,曰觸氏;

有國於蝸之右角者，曰蠻氏。時相與爭地而戰，伏屍數萬，逐北旬有五日而後
反。」比喻微不足道枉費精神的名和利。蘇軾《滿庭芳》：「蝸角虛名，蠅頭微
利，算來著甚乾忙。」

〔3〕錦標：錦製的旗幟，古代用以贈給競渡的領先者。後亦以稱競賽優勝者所得的
獎品。

戲題索橋〔1〕

織箄勻鋪面，排繩強架空。染人高曬帛〔2〕，獵戶遠張罝〔3〕。薄薄
難承雨，翻翻不受風。何時將蜀客〔4〕，東下看垂虹〔5〕。

〔校注〕

〔1〕作於宋高宗淳熙四年（1177）。　　索橋：即今安瀾索橋。位於今四川成都都
江堰市，飛架岷江南北，橫跨都江堰水利工程。橋在宋代名「評事橋」。作者
在《吳船錄》中記載：「繩橋長百二十丈，分為五架。橋之廣十二繩相併排連，
上布竹笆。橫立大木數十於江沙之中，輦石以固其根，每數十木作一架。掛橋
於半空，大風過之，掀舉幡幡然，大略如漁人曬網，染家晾帛之狀。」

〔2〕染人：指從事染布帛的工匠。

〔3〕罝：一種捕鳥的網，鳥入網後，能自動將鳥罩住。

〔4〕蜀客：海棠的別名。蜀中中唐以後盛產海棠。宋姚寬《西溪叢語》卷上：「海
棠為蜀客。」

〔5〕東下：作者此時正欲從岷江乘船東歸。垂虹：指垂虹橋，在今江蘇蘇州吳江區
東。

玻璃江一首戲效陸務觀作〔1〕

玻璃江頭春淥深，別時沄沄流到今。祇言日遠易排遣，不道相思翻
苦心。烏頭可白我可去，菖花易青君易尋〔2〕。人生若未免離別，不如
碌碌無知音。

〔校注〕

〔1〕玻璃江：《嘉慶四川通志》卷一九《輿地志·山川》十：「眉州直隸州：玻璃江，
在州東門外，即岷江，一名蟆頤津。自新津縣流入，經彭山縣東，又南經州境
東，又南至州城東，又經青神縣，又下流五十里，入嘉定府界。」

〔2〕菖花：即菖蒲花。《荊楚歲時記》：「端午節以菖蒲一寸九節者，泛酒以闢瘟氣。」傅注：「近世五月五日必以菖蒲漬酒而飲，謂之飲浴。」

戲題方響洞〔1〕

隔凡冰澗不可越，眾真微步壺中月。徙倚含風玉佩聲，何須聽作蕤賓鐵〔2〕。

〔校注〕

〔1〕范石湖自注：「漢嘉廣福院中水洞，有聲琅然。莫知所在。舊名丁東水，山谷易今名。且題詩云：『古人名此丁東水，自古丁東直至今。我為更名方響洞，要知山水有清音。』」　　方響洞：位於四川樂山縣。原名丁東水，黃庭堅改為今名。陸游《老學庵筆記》：「漢嘉城西北山麓有一石洞，泉出其間，時聞洞中泉滴聲，良久一滴，清如金石。黃魯直題詩云云。」《蜀中名勝記》：「丁東院在嘉定州學前院，有方響洞。洞腹有水，如環佩聲。」

〔2〕蕤賓鐵：蕤賓是古樂十二律中之第七律。律分陰陽，奇數六為陽律，名曰六律；偶數六為陰律，名曰六呂。合稱律呂。蕤賓屬陽律。《周禮・春官・大司樂》：「乃奏蕤賓，歌函鐘，舞大夏，以祭山川。」《禮記・月令・仲夏之月》：「其音徵，律中蕤賓。」鄭玄注：「蕤賓者應鐘之所生，三分益一，律長六寸八十一分寸之二十六，仲夏氣至，則蕤賓之律應。」唐段安節《樂府雜錄・琵琶》載：武宗初，朱崖李太尉有樂史廉郊者，「郊嘗宿林泉別墅，值風清月朗，攜琵琶於池上，彈《蕤賓調》……忽有一物鏘然躍出池岸之上，視之，乃一片方響，蓋蕤賓鐵也。以指撥精妙，侶律相應也。」後以「蕤賓鐵響」為讚揚彈奏技藝精妙超絕之典。

荊渚中流，回望巫山，無復一點，戲成短歌〔1〕

千峰萬峰巴峽裏〔2〕，不信人間有平地。渚宮回望水連天〔3〕，卻疑平地元無山。山川相迎復相送，轉頭變滅都如夢。歸程萬里今三千，幾夢即到石湖邊〔4〕。

〔校注〕

〔1〕荊渚：指湖北江陵。

〔2〕作者《吳船錄》說三峽中「山之多不知其幾千里，不知其幾千萬峰」。而過夷

陵（今宜昌西北）後，「回首西望，則渺然不復一點」。巴峽：原指四川嘉陵江
峽。這裡借指長江三峽，即瞿塘峽、巫峽、西陵峽。

〔3〕渚宮：春秋時楚國的別宮。據作者《吳船錄》描述：「敗荷剩水雖有野意，而
故時樓觀無一存者。後人作小堂亦草草。」

〔4〕石湖：即太湖。作者在蘇州西南太湖之濱，建有別墅，自號石湖居士。

放舟風復不順，再泊馬當，對岸夾中馬當水府，即小說所載神助王勃一席清風處也。戲題兩絕〔1〕

其一

萬里江隨倦客東〔2〕，馬當山嘴勒孤篷〔3〕。無才解賦珠簾雨，誰肯相賒一席風〔4〕。

〔校注〕

〔1〕離廬山後范成繼續乘舟東下，在彭澤為大風所阻，「逆風來從水府朝，濁浪欲
碎小孤山。」（《澎浪磯阻風》）　後來又在馬當遇風。夾中。兩山之間。馬
當水府：即馬當廟。神助王勃：五代王定保《唐摭言》卷五：「王勃，字子安，
文中子之孫。早負俊聲。其父福畤。官洪都（誤，官南海交趾）。勃自汾省親，
舟次馬當，阻風濤不得進，因泊廟下，登岸縱觀。忽見一叟坐石磯上，鬚眉皓
白，顧盼異常。遙謂勃曰：『少年子何來？明日重九，滕王閣有高會，若往會
之，作為文詞，足垂不朽矣。』勃笑曰：『此距洪都為程六七百里，豈一夕所
能屆耶！』叟曰：『茲乃中元水府，是吾所司，子若決行，吾當助汝。』勃方
拱謝，忽失叟所在。依其言發舟，清風送帆，倏抵南昌。次日入謁，果不爽期。」
馬當山上古有山神廟。唐代詩人王勃上元中往交趾省父，乘舟南行，經馬當，
過洪州（今南昌），適逢滕王閣高會而作《滕王閣序》，文驚四座，流傳千古。
傳說王勃舟經馬當時，曾得山神之助。以神風送舟，一日趕至洪州。阻風泊舟
常使人發愁，《戲題》自嘲表現詩人的風趣。

〔2〕倦客：客遊他鄉而對旅居生活感到厭倦的人。

〔3〕馬當：山名。在江西省彭澤縣東北，北臨長江。山形似馬，故名。山下江流湍
急，回風駭浪，古為長江險阻。相傳唐王勃乘舟遇神風，自此一夜達南昌。

〔4〕此兩句云：我沒有王勃寫《滕王閣序》那樣的文學才華，誰肯賒欠一帆順風助
我。解賦：能寫的意思。賦：不歌而誦。珠簾雨：《滕王閣詩》：「畫棟朝飛南
浦雲，珠簾暮卷西山雨。」

其二

禁江上口柏山東，三日荒寒繫短篷。卻憶宮亭湖裏去〔1〕，隨人南北解分風〔2〕。

〔校注〕

〔1〕宮亭湖：在星子縣城以東至湖口縣城之間鄱陽湖水域。因廬山南嶺下濱湖處有宮亭廟得名。

〔2〕分風：盛弘之《荊州記》：「宮亭湖廟神，能使湖中分風而帆南北。」

守風嘲舟子

奪命稠灘百戰余〔1〕，守風端坐恰乘除〔2〕。日長飽飯佳眠覺，閒傍蘆花學釣魚。

〔校注〕

〔1〕三峽諺語：「西陵灘如竹節稠，灘灘都是鬼見愁。」

〔2〕恰乘除：乃指多少、大小、得失等相差別之兩事物。實言守風之時日多少已無所謂。

嘲蚊四十韻

暑魃方肆行〔1〕，羽孽亦厲習〔2〕。肖翹極么魔〔3〕，块圠累辟翕〔4〕。濕生同糞蠍，腐化類宵熠〔5〕。初來鬧郭郭〔6〕，少進互原隰〔7〕。嘤如蠅聲薨〔8〕，聚若螽羽揖。俄為殷雷哄，遂作密霰集。口銜鋼針鋒，力洞衲衣襲。啾聲先計議，著肉便噓吸。立豹猶未定，卓錐已深入。血隨姑嘬升，勢甚轆轤汲〔9〕。沉酣尻益高，飽滿腹漸急。晶晶紫蟹眼，滴滴紅飯粒。拂掠倦體煩，爬搔痒肌澀。捄東不虞西，擒一已竄十。新瘢蓓蕾漲，宿暈斑斕浥。竟夜眠展轉，連床歎於悒。云何人戚欣，乃係汝張歙〔10〕。驅以葵扇風，薰以艾煙濕。檠長鎮藏遮，帳隙亟補葺。火攻憚穢臭，手拍嫌腥汁。伏翼佐掃除，網蛛助收拾。薄暮洶交攻，大明訌未戢。牛革厚逾氈，鬐介銛勝鈒。遭汝若欲困，嗟人何以給。夏蟲雖眾多，罪性相百什。蜂蠆豈房櫳，蟣虱但褌褶。羊羶蟻登俎，驥逸蝱附鬣。蠓惟舞醯甕，蟫止蛀書袠。早為鷸所撮，蠅亦虎能執。彼忿可賫死，汝罪當獻馘。涼飆倏然至，醜類殆哉岌。一吹嘴吻破，再鼓翅翎縶。三千蹀

頡利，百萬走尋邑。快哉六合內，蔑有一塵立。虛空既清涼，家巷得寧輯。雞窗夜可誦〔11〕，蚕機曉猶織〔12〕。雨簾繡浪卷，風燭淚珠泣。客來添羽觴，人靜拂塵笈。恍還神明觀，似啟壞戶蟄。消長誰使然，智力詎能及。

〔校注〕

〔1〕暑魃：即旱魃。傳說中引起旱災的怪物。

〔2〕羽孽：謂禽鳥蟲類的異常現象。古人以為上天示儆。《漢書·五行志中之下》：「劉歆視傳曰：有羽蟲之孽，雞旤。」晉袁宏《後漢紀·桓帝紀上》：「五色大鳥見巳氏，時以為鳳皇，本志以政理衰缺，梁冀專權，皆羽孽之異也。」

〔3〕肖翹：翹肖。能飛之物。《莊子·外篇》：「肖翹之物。」疏：「飛空之類曰肖翹。」

〔4〕块圠：《漢書·賈誼傳》：「大鈞播物，块圠無垠，天不可與慮，道不可與謀」大鈞指天，鈞本意是製陶的轉輪，言天造萬物，如陶匠造陶器；块圠自然指地，言沖融無跡，無垠言廣大無邊。闔翕：亦作「闔脅」。開合。

〔5〕宵熠：螢火蟲的別名。

〔6〕郭郛：外城。《文選·張衡〈西京賦〉》：「經城洫，營郭郛。」李善注引《公羊傳》：「郛者何？城外大郭也。」

〔7〕原隰：廣平與低濕之地。《書·禹貢》：「原隰厎績，至於豬野。」《國語·周語上》：「猶其原隰之有衍沃也。」韋昭注：「廣平曰原，下濕曰隰。」

〔8〕薨：成群的昆蟲一起飛的聲音。

〔9〕轆轤：漢族民間提水設施，流行於北方地區。由轆轤頭、支架、井繩、水斗等部分構成。利用輪軸原理製成的井上汲水的起重裝置。

〔10〕歙：吸氣或通過呼吸吸入。歙，縮鼻也。

〔11〕雞窗：語本《幽明錄》。指書房。

〔12〕蚕機：亦省稱「蚕」。蟋蟀的別稱。

閶門戲調行客〔1〕

日夜飛帆與跨鞍，閶門川陸路漫漫。人生自苦身餘幾，天色無情歲又寒。萬事惟堪六如觀〔2〕，一杯莫信四並難〔3〕。重陽雖過黃花少，尚有遲開玉雪團。

〔校注〕

〔1〕閭門：乃蘇州古城之西門，通往虎丘方向。

〔2〕六如：佛教把人世間一切事物比喻為如夢、如幻、如泡、如影、如露、如電，合稱六如。《金剛經‧應化非真分》：「一切有為法，如夢、幻、泡、影，如露亦如電，應作如是觀。」

〔3〕四並難：南朝宋謝靈運《擬鄴中集詩序》：「天下良辰、美景、賞心、樂事，四者難並。」

次韻早蚊

羽蟲么魔塞區寰〔1〕，造化胡為弗疾頑。長養污泥草木處，縱橫大地山河間。夜聲雷動人力屈，秋喙花開天理還〔2〕。但願江湖無白鳥〔3〕，何須金鼎鑄神奸〔4〕。

〔校注〕

〔1〕么魔：微不足道的妖魔，指早蚊。

〔2〕秋喙：指秋涼蚊死，秋如鳥嘴一樣吃盡了蚊子。花開：形容鳥喙張開的樣子。天理：猶官天道，古人迷信，以為天能主持公道，稱天道。

〔3〕白鳥：蚊的別名。《大戴禮記‧夏小正》：「八月丹鳥羞白鳥。丹鳥也者，謂丹良也；白鳥也者，謂蚊蚋也。」

〔4〕神奸：能害人的鬼神怪異之物。《左傳‧宣公三年》：「遠方圖物，貢金九牧，鑄鼎象物，百物而為之備，使民知神奸。」杜預注：「圖鬼神百物之形，使民逆備之。」詩的末句本於此。這兩句說：只要從大地上消滅了蚊子，那麼像夏禹那樣在鼎上鑄鬼怪之形使人民有所識別防備，也就用不著了。意思是蚊子的危害勝過妖魔鬼怪。

戲贈腳婆〔1〕

日滿東窗照被堆，宿湯猶自暖如煨〔2〕。尺三汗腳君休笑，曾踏韡霜待漏來〔3〕。

〔校注〕

〔1〕腳婆：暖足瓶。又稱湯婆子。黃庭堅《戲泳暖足瓶》詩：「千金買腳婆，夜夜睡天明。」

〔2〕湯，原作「窗」，據明本、黃本改。

〔3〕鞾：同「靴」。

次韻舉老見嘲未歸石湖〔1〕

半世吟客舍柳，長年憶後園花。為報廬山莫笑，雲丘今屬誰家。

〔校注〕

〔1〕舉老：范成大退居石湖時與之來往密切禪僧之一。慧舉，字皋直，俗姓朱，出身仕宦之家，能詩，有集曰《雲丘草堂集》。作者與之訂交很早。據其自述，「余年十五，往來山中，常與舉上人遊」。此後唱酬往還，一直保持到晚年。范成大集中尚存《贈舉書記歸雲丘》三首、《送舉老歸廬山》以及本詩等五首詩歌。

甲辰人日病中吟六言六首以自嘲〔1〕

其一

攢眉輒作山字，啾耳惟聞水聲。人應見憐久病，我亦自厭餘生。

〔校注〕

〔1〕作於淳熙十一年（1184）人日（農曆正月初七）。當時，詩人年近花甲，久病之中，身體更為虛弱，但他還是硬撐著寫了此組六言詩以自我調侃。

其二

目慌慌蟻旋磨〔1〕，頭岑岑鼇負山〔2〕。筆床久已均伏〔3〕，藥鼎何時丐閒〔4〕。

〔校注〕

〔1〕目，原作「日」，據黃本改。　　蟻旋磨：《晉書·天文志上》：「天旁轉如推磨而左行，日月右行，隨天左轉，故日月實東行，而天牽之以西沒。譬之於蟻行磨石之上，磨左旋而蟻右去，磨疾而蟻遲，故不得不隨磨以左回焉。」後以「蟻旋磨」比喻芸芸眾生皆由命運擺佈。

〔2〕岑岑：脹痛貌。《漢書·外戚傳上·孝宣許皇后》：「我頭岑岑也，藥中得無有毒？」顏師古注：「岑岑，痹悶之意。」鼇負山：古代神話中說，渤海之東幾億萬里有無底深谷，其中有五座山互不相連，隨著波浪上下起伏。天帝派人以

十五隻巨鼇，更迭替換著抬起頭來頂著，五座山才得以聳立起來。這裡是用來
比喻病人頭昏得抬不起來的情狀。

〔3〕筆床：安放毛筆的器具。均伏：同「均服」，意為同著戎裝。此指毛筆長久不
用，都裝進筆套擺放在筆床裏。

〔4〕藥鼎：指道家煉丹藥所用的丹鼎。此指的是煎草藥的器具。丐閒：給予空閒的
時間，讓……閒下來。

其三

政爾榮枯衛澀，剛雲人厄天窮。歸咎四沖臨歲〔1〕，乞憐九曜過宮〔2〕。

〔校注〕

〔1〕四沖：占卜術語。辰戌丑未為四沖，縱然占吉也成凶。

〔2〕九曜：又叫「九執」，中國古代曆法術語。一行《大日經疏》曰：「執有九種，
即有日、月、水、火、木、金、土七曜，及與羅睺、計都，合為九曜。」

其四

復古既愆七日，泰來惟候三陽〔1〕。曆日今頒寅正〔2〕，占星更候農祥〔3〕。

〔校注〕

〔1〕候，明本作「俟」。

〔2〕寅正：又名「人正」「夏正」。古曆法術語。指以含雨水中氣為正月的曆法。
據《續漢書・律曆志中》載：「乙卯之元人正己巳朔旦立春，三光聚天廟五
度。」

〔3〕農祥：《漢書・郊祀志》張晏注：「龍星左角曰天田，則農祥也。」「農祥」代
指房宿的四顆星。房星亦稱「天駟」，是二十八宿之一，青龍七宿的第四宿。
《國語・周語・宣王》：「古者，太史順時覛土，陽癉憤盈，土氣震發，農祥晨
正，日月底於天廟，土乃脈發。」韋昭注曰：「農祥，房星也。晨正，謂立春
之日，晨中於午也。農事之候，故曰農祥也。」「農祥」並非指某顆具體的星，
只因房星反映了「農事之候」故稱「農祥」。《國語・周語・景王二十二年》載：
「昔武王伐殷，歲在鶉火，月在天駟……月之所在，辰馬農祥也。我太祖后稷
之所經緯也。」韋昭注曰：「天駟，房星也。」又注曰：「辰馬，謂房、心星也。
心星，所在大辰之次為天駟。駟，馬也，故曰晨馬。言月在房，合於農祥。祥，

猶象也。房星晨正，而農事起焉，故謂之農祥。」又注曰：「稷播百穀，故農
祥，后稷之所經緯也。」

其五

有日猶嫌開牖，無風不敢上簾〔1〕。報國丹心何似，夢中抵掌掀髯。

〔校注〕

〔1〕上，明本、黃本作「下」。

其六

壯歲喜新節物，老來惜舊年華。病後都盧不問〔1〕，家人時換瓶花。

〔校注〕

〔1〕都盧：統統。唐張鷟《遊仙窟》：「五嫂曰：『張郎太貪生，一箭射兩垛。』十
娘則謂曰：『遮三不得一，覓兩都盧失。』」白居易《贈鄰里往還》詩：「骨肉
都盧無十口，糧儲依約有三年。」

上元紀吳中節物俳諧體三十二韻〔1〕

斗野豐年屢，吳臺樂事並。酒壚先迭鼓〔2〕，燈市早投瓊〔3〕。價喜
膏油賤，祥占雨雪晴。篔簹仙子洞〔4〕，菡萏化人城〔5〕。橋炬疑龍見〔6〕，
橋星訝鵲成〔7〕。小家庬獨踞〔8〕，高閈鹿雙撐〔9〕。屏展輝雲母〔10〕，簾
垂晃水精〔11〕。萬窗花眼密〔12〕，千隙玉虹明〔13〕。薝蔔丹房掛〔14〕，葡
萄綠蔓縈〔15〕。方縑翻史冊〔16〕，圓魄綴門衡〔17〕。擲燭騰空穩〔18〕，推
球滾地輕〔19〕。映光魚隱見〔20〕，轉影騎縱橫〔21〕。輕薄行歌過，顛狂社
舞呈〔22〕。村田蓑笠野〔23〕，街市管絃清〔24〕。里巷分題句〔25〕，官曹別
扁門〔26〕。旱船遙似泛〔27〕，水傀近如生〔28〕。鉗赭裝牢戶〔29〕，嘲嗤繪
樂棚〔30〕。堵觀瑤席隘，喝道綺叢爭。禁鑰通三鼓，歸鞭任五更。桑蠶
春繭勸〔31〕，花蝶夜蛾迎〔32〕。彩子描丹筆〔33〕，鵝毛剪雪英〔34〕。寶糖
珍粔籹〔35〕，烏膩美飴餳〔36〕。撚粉團欒意〔37〕，熬稃膈膊聲〔38〕。筳篿
巫志怪〔39〕，香火婢輸誠〔40〕。箒卜拖裙驗〔41〕，箕詩落筆驚〔42〕。微如
針屬尾〔43〕，賤及葦分莖〔44〕。末俗難訶止，佳辰且放行。此時紛僕馬，
有客靜柴荊。幸甚歸長鋏〔45〕，居然照短檠。生涯惟病骨，節物尚鄉情。
掎摭成俳體〔46〕，諮詢逮里甿〔47〕。誰修吳地志，聊以助譏評。

〔校注〕

〔1〕俳諧體：凡詼諧、滑稽，內容以遊戲情趣為主的詩體稱「俳諧體」，簡稱「俳體」。

〔2〕自注：「歲後即旗亭先擊鼓不已，以迎節意。」酒壚：安放酒甕、酒罈的土臺，亦指酒肆、酒樓。

〔3〕自注：「臘月即有燈市。奇珍者，數人釀買之，相與呼盧，彩勝者得燈。」投瓊：新年未到即有人擲骰爭奪燈彩。投瓊，即擲骰。

〔4〕自注：「坊巷燈，以連枝竹縛成，洞門多處，數十重。」篔簹：大竹名。楊孚《異物志》：「篔簹生水邊，長數丈，圍一尺五六寸，一節相去六七尺，或相去一丈。」

〔5〕自注：「蓮花燈最多。」

〔6〕自注：「舟人接竹桅檣之表，置一燈，望之如星。」檣炬：桅燈。

〔7〕自注：「橋燈。」

〔8〕自注：「犬燈。」尨（màng）獨踞：狗燈獨自把門。尨，大狗，雜色狗，此指狗燈。

〔9〕自注：「鹿燈。」高閈（hàn）：高牆，高門，借指大戶人家。

〔10〕自注：「琉璃屏風。」張開的琉璃屏風輝映出雲母般的光澤。

〔11〕自注：「琉璃簾。」懸掛的琉璃簾如同瑩澈透明的水晶在搖動。

〔12〕自注：「萬眼燈，以碎羅紅白相間砌成。工夫妙天下，多至萬眼。」萬眼羅燈眼花綿密，數以萬千計。

〔13〕自注：「琉璃球燈，每一隙映成一花，亦妙天下。」琉璃球燈也有上千的小孔，且如彩虹一樣明麗。

〔14〕自注：「栀子燈。」薝蔔，即栀子。《本草綱目·栀子》：「木丹，越桃，鮮枝，花名薝蔔（萄）。」

〔15〕自注：「葡萄燈。」

〔16〕自注：「生絹糊大方燈，圖畫史圖故事，村人喜看。」絹製方燈上圖繪著歷史故事。縑，雙絲細絹。《釋名·釋彩帛》：「縑，兼也。其絲細緻，數兼於絹，染兼五色，細緻不漏水也。」翻，反覆敷演。

〔17〕自注：「月燈。」圜魄：指圜型月燈。

〔18〕自注：「小球燈，時擲空中。」

〔19〕自注：「大滾球燈。」

〔20〕自注：「琉璃壺瓶貯水養魚，以燈映之。」琉璃泡燈用燈光映照，皿中魚兒時隱時現。

〔21〕自注：「馬騎燈。」走馬燈旋轉不息，鐵馬金戈縱橫馳騁。

〔22〕自注：「民間鼓樂謂之社火，不可悉記，大抵以滑稽取笑。」社舞：社火，節慶搬演的民間鼓樂雜戲。

〔23〕自注：「村田樂。」表演「村田樂」的披蓑戴笠，動作有些粗俗。村田，即村田樂，社火中常有的一種樂舞。

〔24〕自注：「街市細樂。」

〔25〕自注：「每里門作長燈，題好句其上。」

〔26〕自注：「官府名額，多以絹或琉璃照映。」官府衙門的匾額個個標有名號。

〔27〕自注：「夾道陸行為競渡之樂，謂之劃旱船。」劃旱船：一種在陸上模擬水中競渡的民間舞蹈。

〔28〕自注：「水戲（一作木象）照以燈。」水傀：又稱「水傀儡」。水戲。《東京夢華錄》述「駕幸臨水殿觀爭標」，「繼有木偶築球舞旋之類，亦各念致語、唱和，樂作而已，謂之水傀儡」。

〔29〕自注：「獄燈。」罪犯們為牢房掛上獄燈。鉗赭：指服刑的罪犯。漢王充《論衡‧狀留》：「長吏妬賢，不能容善，不被鉗赭之刑，幸矣。」

〔30〕自注：「山棚多畫一時可嘲誚之人。」樂棚：即燈棚、山棚，其中既可張燈，又可作樂。

〔31〕自注：「春蠶自臘月即入食次，所以為蠶事之兆。」食用春繭，以祝桑蠶興旺。春繭，食品名，與今之春捲相類。

〔32〕自注：「大白鵝花，無貴賤悉戴之，為迎春之物也。」戴上蝶蛾花以迎春。

〔33〕自注：「紅畫鴨子相饋遺。」

〔34〕自注：「剪鵝毛為雪花，與夜蛾並戴。」

〔35〕自注：「餶（duī）拍，吳中謂之糖餶（duī），特為脆美。」餶（duī）拍質脆而味美，如同珍貴的粔（jù）籹（nǔ）。寶糖，吳中稱餶（duī）拍為寶糖。粔籹，古代一種美食。《楚辭‧招魂》：「粔籹蜜餌。」王注：「言以蜜和米麵，熬煎作粔籹。」

〔36〕自注：「烏膩糖即白餳，俗言能去烏膩。」白飴也是一種甜美的食物，食之可去烏膩。飴餳，即飴糖，泛指甘美的食物。顏師古注：「澳弱者為飴……厚強者為餳。」

〔37〕自注：「糰子。」搓捏團子以表闔家團聚之意。

〔38〕自注：「炒糯穀以卜，俗名孛婁，北人稱糯米花。」炒糯米花鍋中不斷響出爆裂聲。熬稃，煎炒糯米花，又名「爆孛婁」。稃，小麥等植物的花外麵包著的硬殼。膃腪，象聲詞。

〔39〕巫師結草折竹以占卜。筳篿：亦作「筳篿」。古楚地人占卜的一種方法。《楚辭・離騷》：「索藑茅以筳篿兮，命靈氛為余占之。」王逸注：「藑茅，靈草也。筳，小折竹也。楚人名結草折竹以卜曰篿。」王夫之通釋：「筳，折竹枝。篿，為卜算也，楚人有此卜法。取瓊茅為席，就上以筳卜也。」

〔40〕自注：「俗謂正月百草靈，故帚葦針箕之屬皆卜焉。多婢子之輩為之。」婢子們供上香燭，為預卜諸事獻納誠心。

〔41〕自注：「敝帶繫裙以卜，名掃帚姑。」帚姑以敝帶繫裙問卜占事。

〔42〕自注：「即古紫姑，今謂之大仙，俗名筲箕姑。」箕姑能提筆寫字，令人驚奇不已。

〔43〕自注：「以針姑卜，伺其尾相屬為兆，名針姑。」針屬尾：以針姑問卜，視針尾相屬為兆。《江南志書・嘉定縣》：「針姑以針對穿一線，請之神至，則針尾相屬為兆，以卜巧拙，占吉凶。舊說魏文帝美人薛妃針黹（zhǐ）入神，能暗室剪裁，後世女子祀之以卜巧。」

〔44〕自注：「葦莖分合為卜，名葦姑。」葦姑以葦莖分合為卜。《江南志書・嘉定縣》：「竹姑以小竹剖為兩，二人各執一箸對抬，兩端相向如輿狀，蒻（ruò）褚（zhǔ）禱之，神至則雙篾中合相戛為兆。葦姑亦同。」

〔45〕歸長鋏：指歸隱於鄉。《戰國策・齊策》：「長鋏歸來乎，食無魚。」作者為紹興二十四年進士，淳熙時官至參知政事，因與孝宗政見不合，僅兩月即去職，晚年歸隱於故鄉。

〔46〕摘取過來寫成俳諧體詩。掎摭：摘取。

〔47〕詩中所記曾在鄉里百姓中徵求意見。

戲書二首

其一

長病人嫌理亦宜，吾今有計可扶衰。煩君昇著山深處，恐有黃龍浴水醫。

其二

群兒欺老少陵窮，口燥脣乾發漫沖。顛沛須臾猶執禮〔1〕，古來惟有一高共。

〔校注〕

〔1〕執禮：贊禮；執守禮制。

占星者謂命宮月孛獨行無害但去年覆照作災今年正月一日已出而歲星作福戲書二絕

其一

昔躔初度本除災〔1〕，何意重逢作病媒。久住靈斿今日過，歷翁歡喜勸椒杯〔2〕。

〔校注〕

〔1〕躔：天體的運行

〔2〕椒杯：盛有椒酒的杯子。代指椒酒。

其二

暗曜加臨有救神，煌煌福德自天仁。只煩終惠蘇殘喘，官爵從渠奉董秦〔1〕。

〔校注〕

〔1〕董秦：蘇軾《論董秦》云：「玉川子《月蝕》詩云：『歲星主福德，官爵奉董秦。忍使黔婁生，覆屍無衣巾。』詳味此句，則董秦當是無功而享厚祿者。董秦，本忠臣也，天寶末驍將，屢立戰功。雖粗暴，亦頗知忠義。代宗時，吐蕃犯闕，徵兵。秦即日赴難。或勸擇日，答曰：『君父在難，乃擇日耶？』後卒污朱泚偽命，誅。考其終始，非無功而享厚祿者。不知玉川子何以有此句？紹聖元年十一月二十三日。」

嘲風

紛紅駭綠驟飄零〔1〕，癡騃封姨沒性靈〔2〕。報導海棠方熟睡，也須留眼為渠青。

〔校注〕

〔1〕紛紅駭綠：紛披的紅花，散亂的綠葉。形容花枝繁茂，隨風擺動。

〔2〕封姨：或稱封家姨、十八姨。《博異志》云封家十八姨是古代神話傳說中的風神，後人乃以「封姨」為風的代稱。

子文大丞重午日走貺煮酒清甚殆與遠水一色何其妙哉數語奉謝〔1〕

臘腳清若空〔2〕，吾聞其語矣。今晨品義尊，公酒正如此。太常家有此段奇，銷得不齋醉如泥〔3〕。但恨今無遏雲曲，送我菖蒲一杯綠。〔4〕

〔校注〕

〔1〕子文：嚴煥，字子文。常熟人。登紹興十二年進士第。曾任徽州、臨安教授，建康通判。乾道九年（1193）以朝請郎知江陰軍，遷太常丞，出為福建市舶，終朝散大夫。文章整健雋雅，工詩畫，書學尤精。生平見《常熟志》。

〔2〕臘腳，黃本作「遠水」。

〔3〕太常齋：《後漢書·周澤傳》載：東漢周澤為太常卿。循規守法，整天住往齋宮，盡心敬事宗廟之事。有次因病獨臥齋宮，其妻前往探望，周澤因為她干犯齋禁，大怒，繫送詔獄謝罪。時人有「生世不諧，作太常妻，一歲三百六十日，三百五十九日齋，一日不齋醉如泥」之謠。李白《贈內》：「三百六十日，日日醉如泥。雖為李白婦，何異太常妻。」後因以「太常妻」「太常醉」「太常齋」指枯燥寂寞的生活。亦特指女子婚後孤苦寂寞的生活。

〔4〕自注：「子文舊有歌者名遏雲。」

子文見和云亦有小鬟能度曲復用韻戲贈

三年屏杯酌，甚矣吾衰矣。眼中有淄澠〔1〕，猶解商略此。花酒俱來事更奇，不妨禪心絮沾泥。翠眉何時真度曲，細意煩君畫蛾綠〔2〕。

〔校注〕

〔1〕淄澠：比喻性質截然不同的兩種事物。北周庾信《哀江南賦》：「渾然千里，淄澠一亂。」倪璠注：「喻當時貴賤混亂，盡被擄辱矣。」

〔2〕蛾綠：古代婦女畫眉用的青黑顏料。亦借指墨。唐顏師古《大業拾遺記》：「絳仙（吳絳仙）善畫長蛾眉……由是殿腳女爭倣為長蛾眉。司宮吏日給螺子黛五斛，號為蛾綠。」

壽櫟前假山成，移丹桂於馬城，自嘲〔1〕

堂前趣就小嶙峋〔2〕，未許蹣跚杖屨親。更遣移花三百里，世間真有大癡人。

〔校注〕

〔1〕壽櫟：《莊子・人間世》：「匠石之齊，至於曲轅，見櫟社樹，」樹很高大，匠石曰：「散木也……無所可用，故能若是之壽」匠石回來後夢見社櫟對他說：有用的樹木遭受攀折砍伐；我因無所可用，生存至今。這才正是我的「大用」。馬城：縣名，《一統志》：「故城在今河北懷安縣北。」

〔2〕嶙峋：形容山峰、岩石、建築物等突兀高聳。宋李綱《登鍾山謁寶公塔》詩：「我登鍾山頂，白塔高嶙峋。」

雪中苦寒戲嘲二絕

其一

冥凌分職大間關〔1〕，辛苦行冬強作難〔2〕。費盡無邊風與雪，劣能供得一番寒〔3〕。

〔校注〕

〔1〕冥凌：北方之神。《楚辭・大招》：「冥凌浹行，魂無逃只。」王逸注：「冥，玄冥，北方之神也。凌猶馳也。」後因稱北方之神為「冥凌」。間關：形容旅途的艱辛，崎嶇、輾轉。

〔2〕行冬：推行冬日的節令。

〔3〕劣能：僅能、才能。才能帶給人們這麼一番寒意。

其二

茸氈帳下玉杯寬，香裏吹笙醉裏看〔1〕。風雪過門無入處，卻投窮巷覓袁安〔2〕。

〔校注〕

〔1〕香：指室內的爐香或脂粉香。

〔2〕袁安：《後漢書》注引《汝南先賢傳》：袁安，東漢人，家貧，曾客居洛陽，一天被大雪封門。巡視的洛陽令以為他已死去，除雪進門，見他僵臥家中。問他為什麼不出門，回答說：「大雪人皆餓，不宜干（求）人。」此藉以泛指貧窮的人。

老陳道人自雲夢被召作地上主者又常受一貴家供祝之曰他日必來吾家作兒戲贈小頌

野人何苦赴官差，符使追呼撓道懷。幸有於門香積供〔1〕，不如隨喜去羅齋〔2〕。

〔校注〕

〔1〕積供：指僧道的飯食。

〔2〕羅齋：謂環立集聚於市街，等候雇傭。宋孟元老《東京夢華錄‧修整雜貨及齋僧請道》：「倘欲修整屋宇，泥補牆壁，生辰忌日，欲設齋僧尼道士，即早辰橋市街巷口，皆有木竹匠人，謂之雜貨工匠，以至雜作人夫，道士僧人，羅立會聚，候人請喚，謂之『羅齋』。」

丙午人日立春屈指癸卯孟夏晦得疾恰千日矣戲書

百年能有幾春光，只合都將付醉鄉。衰病豁除千日外，尚餘三萬五千場。

自晨至午起居飲食皆以牆外人物之聲為節戲書四絕

其一

巷南敲板報殘更，街北彈絲行誦經。已被兩人驚夢斷，誰家風鴿鬥鳴鈴〔1〕。

〔校注〕

〔1〕鳴鈴：指鵓鴿鈴。《四朝聞見錄》：「東南之俗，以養鵓鴿為樂……寓金鈴於尾，飛而揚空，風力振鈴，鏗如雲間之佩。」杭州至有專賣鵓鴿鈴為業者。

其二

菜市喧時窗透明，餅師叫後藥煎成。閒居日出都無事，惟有開門掃地聲。

其三

北砦教回摣鼓遠〔1〕，東禪飯熟打鐘頻。小童三喚先生起，日滿東窗暖似春。

〔校注〕

〔1〕北砦：宋置。屬河北西路真定府。金改為北鎮，後改置為阜平縣。即今阜平縣
　　治。

其四

起傍東窗手把書，華顛種種不禁梳〔1〕。朝餐欲到須巾裹，已有重來晚市魚。

〔校注〕

〔1〕華顛：頭髮上黑白相間，指年老。唐盧肇《被謫連州》詩：「黃絹外孫翻得罪，
　　華顛故老莫相嗤。」

戲詠絮帽〔1〕

尖斜緇撮似兜鍪〔2〕，緊護風寒暖白頭。不解兵前當箭鑿，解令曉枕睡齁齁〔3〕。

〔校注〕

〔1〕原注：「簡伯俊傳此樣，睡中甚禦寒氣。」

〔2〕緇撮：即緇布冠。其制小，僅可束髮髻。兜鍪：古代戰士戴的頭盔。秦漢以前
　　稱冑，後叫兜鍪。《東觀漢記・馬武傳》：「（武）身被兜鍪鎧甲，持戟奔擊。」

〔3〕齁齁（hōu）：熟睡時的鼻息聲。

李子永赴溧水過吳訪別戲書送之〔1〕

其一

萬壑斷流冰塞川，千岩森玉雪漫天。匆匆葉縣雙鳧舄〔2〕，換卻山陰訪戴船。

〔校注〕

〔1〕李子永：李泳，字子永，號蘭澤。廣陵（今江蘇揚州）人。曾官溧水令。辛棄
　　疾與之有交往，其有《水調歌頭・再用韻答李子永》詞。

〔2〕鳧舄：《後漢書・王喬傳》載：葉縣縣令王喬，有神仙之術，每月初一、十五
　　乘雙鳧飛向都城朝見皇帝。後用「鳧舄」指仙履，喻指仙術。亦常用為縣令的
　　典實。

其二

犯寒書劍出春蕪，風雪橋邊得句多。牒訴繽紛似煙海〔1〕，梅花時節奈君何。

〔校注〕

〔1〕牒訴：訟辭，訴狀。《文選·孔稚珪〈北山移文〉》：「敲撲喧囂犯其慮，牒訴倥傯裝其懷。」呂向注：「牒，文牒也；訴，告也。」司馬光《送人為閩宰》詩：「政用慈良化，居無牒訴紛。」《宋史·文苑傳一·何承裕》：「每覽牒訴，必戲判以喻曲直，訴者多心伏引去。」

或勸病中不宜數親文墨醫亦歸咎題四絕以自戒末篇又以解嘲

其一

作字腕中百斛〔1〕，吟詩天外片心。習氣吹劍一吷〔2〕，病軀垂堂千金〔3〕。

〔校注〕

〔1〕百斛：泛指多斛。斛，量具名。古以十斗為斛，南宋末改為五斗。

〔2〕一吷：輕輕一吹的聲音。吷，微聲。

〔3〕垂堂：靠近堂屋簷下。因簷瓦墜落可能傷人，故以喻危險的境地。《漢書·爰盎傳》：「千金之子不垂堂，百金之子不騎衡。」顏師古注：「垂堂，謂坐堂外邊，恐墜墮也。」

其二

意馬場中汗血，隙駒影裏心灰。吉蠲筆墨安用〔1〕，付與蛛絲壁煤。

〔校注〕

〔1〕吉蠲：亦作「吉圭」。謂祭祀前選擇吉日，齋戒沐浴。《詩·小雅·天保》：「吉蠲為饎，是用孝享。」毛傳：「吉，善。蠲，絜也。」鄭玄箋：「謂將祭祀也。」朱熹集傳：「吉，言諏日擇士之善；蠲，言齋戒滌濯之潔。」

其三

詩成徒能泣鬼，博塞未必亡羊〔1〕。剛將妄言綺語〔2〕，認作錦心繡腸〔3〕。

〔校注〕

〔1〕博塞：亦作「博簺」。即六博、格五等博戲。

〔2〕綺語：阿諛奉承、吹牛拍馬及淫言浪語。

〔3〕錦心繡腸：形容文思優美，聰明有才。

其四

師熸尚合餘爐〔1〕，羹熱休吹冷齏。解酲縱無五斗〔2〕，且復月攘一雞〔3〕。

〔校注〕

〔1〕熸（jiān）：戰敗。

〔2〕解酲：醒酒；消除酒病。南朝宋劉義慶《世說新語·任誕》：「天生劉伶，以酒為名；一飲一斛，五斗解酲。」劉孝標注：「《毛公注》曰：『酒病曰酲。』」

〔3〕月攘一雞：《孟子·滕文公下》載：今有人日攘其鄰之雞者。或告之曰：「是非君子之道。」曰：「請損之，月攘一雞，以待來年然後已。」如知其非義，斯速已矣，何待來年？意在譏諷那些明知故犯錯誤的人。

詠懷自嘲

簷溜春猶凍〔1〕，門扉晚未開。退閒驚客至，衰懶怕書來。日日教澆竹，朝朝遣探梅。園丁應竊笑，猶自說心灰。

〔校注〕

〔1〕簷溜：房檐流下的雨水。

自嘲二絕

其一

終日嘵嘵漫說空〔1〕，觸來依舊與爭鋒。登時覺悟忙收拾，已是闍黎飯後鐘〔2〕。

〔校注〕

〔1〕嘵嘵：爭辯聲。

〔2〕闍黎：又作阿闍黎、阿捨梨、阿闍梨、阿只利、阿遮利耶。略稱闍梨。意譯為軌範師、正行、悅眾等。意即教授弟子，使之行為端正合宜，而自身又堪為弟子之楷模。

其二

惡聲惡色橫相干，覰面須臾萬箭攢。有客癡聾都不動，方知我被見聞漫。

戲贈勤長老〔1〕

從君揮麈演金乘〔2〕，我已無心纏葛藤。第一圓通三鼓夢〔3〕，大千世界一窗燈〔4〕。罷參柏子庭前意〔5〕，權作梅花樹下僧。飯飽閒行復閒坐，人間有味是無能〔6〕。

〔校注〕

〔1〕勤長老：陸游《劍南詩稿》卷三有《簡南禪勤長老》詩。其《文集》卷一四淳熙六年所作《持老語錄序》：「得法弟子子洵、行光、如寂、廣勤，或出世說法，或遁跡眾中，皆不幸早逝去。」卷一七《灩亭記》：「灩山道人廣勤，廬於會稽之下，……言曰：吾出遊三十年，無一日不思灩，而適不得歸。」卷四一《祭勤首座文》：「相從十年，談道賦詩，藝松菊也。」此廣勤疑即勤長老。

〔2〕揮麈：晉人清談時，常揮動麈尾以為談助。後因稱談論為揮麈。

〔3〕第一圓通：佛教語。圓，不偏倚；通，無障礙。謂悟覺法性。三鼓夢：三更夢。北齊顏之推《顏氏家訓·書證》：「漢魏以來，謂為甲夜、乙夜、丙夜、丁夜、戊夜；又云鼓，一鼓、二鼓、三鼓、四鼓、五鼓；亦云一更、二更、三更、四更、五更：皆以五為節。」

〔4〕大千世界：佛教語。「三千大千世界」之省稱。後亦以指廣闊無邊的世界。

〔5〕柏子：香名。賀鑄《宿芥塘佛祠》詩：「開門未掃梅花雨，待晚先燒柏子香。」元黃溍《夏日漫書》詩：「枕上初殘柏子香，鳥聲簾外已斜陽。」

〔6〕杜牧《將赴吳興登樂遊原一絕》：「清時有味是無能，閒愛孤雲靜愛僧。」

讀白傅洛中老病後詩戲書

樂天號達道〔1〕，晚境猶作惡。陶寫賴歌酒，意象頗沉著。謂言老將至，不飲何時樂。未能忘暖熱，要是怕冷落。我老乃多戒，頗似僧律縛。閒心灰不然，壯氣鼓難作。豈惟背聲塵，亦自屏杯酌。日課數行書，生經一囊藥。若使白公見，應譏太蕭索。當否竟如何，我友試商略。

〔校注〕

〔1〕達道：明白、徹悟道理。

再題白傅詩

香山歲晚惜芳辰，索酒尋花一笑欣。列子御風猶有待〔1〕，鄒生吹律強生春〔2〕。若將外物關舒慘，直恐中途混主賓。此老故應深解此，逢場聊戲眼前人。

〔校注〕

〔1〕列子御風：《莊子‧逍遙遊》：「夫列子御風而行，泠然善也，旬有五日而後反。」

〔2〕鄒生吹律：漢劉向《別錄》：「《方士傳》言，鄒子在燕，燕有黍穀，地美天寒，不出五穀。鄒子居之，吹律而溫氣至。今名黍穀地。」

戲題無常鐘二絕〔1〕

其一

著衫脫袴兩浮休，切莫隨渠認路頭。三尺蒲牢關底事〔2〕，尋聲接響大悠悠。

〔校注〕

〔1〕無常鐘：《全唐詩話續編》之《孫濤詩話》載：張繼……《楓橋夜泊》云：「……夜半鐘聲到客船。」李于鱗曰：「寒山寺在吳縣西，計有功謂此地有夜半鐘，名無常鐘，歐陽以為語病，非也。然亦不止姑蘇有之，于鵠『遙聽維山半夜鐘』，白樂天『半夜鐘聲後』，皇甫冉『夜半隔山鐘』，溫庭筠『無復松窗半夜鐘』，陳羽『隔水悠揚午夜鐘』，乃知唐人詩多用此。」無常鐘，俗謂佛寺中為死者送終撞擊之鐘。此稱宋元時盛行。宋彭乘《續墨客揮犀‧無常鐘》：「《歐陽詩話》有譏唐人『半夜鐘聲到客舡』之句云：半夜非鐘鳴時。或以謂人之始死者，則必鳴鐘多至數百十下，不復有晝夜之拘，俗稱『無常鐘』。」宋莊季裕《雞肋編》卷中：「時慧日、東靈二寺，已為亡人撞無常鐘。」

〔2〕蒲牢：古代傳說中一種海邊的獸。傳說為龍九子之一，排行第四，因其吼聲極宏亮，故古代鐘上常鑄以蒲牢之形象。後因以「蒲牢」代稱鐘。皮日休《寺鐘暝》：「重擊蒲牢岭山日，冥冥煙樹睹樓禽。」

其二

合成四大散成空，草木經春便有冬。生滅去來相對代，為君題作有常鐘。

淨慈顯老為眾行化且示近所寫真戲題五絕就作畫贊〔1〕

其一

孤雲野鶴本無求，剛被差充粥飯頭。擔負一簽牙齒債〔2〕，鐘鳴鼓響幾時休。

〔校注〕

〔1〕淨慈顯老：作者朋友，淨慈寺長老。

〔2〕牙齒：指家口。《西湖遊覽志餘》：「《白獺髓》言：『杭俗澆薄……語家口則曰一簽牙齒。」

其二

冒雪敲冰乞米回，齋堂如海鉢單開〔1〕。眾中若有知恩者，一粒何曾咬破來。

〔校注〕

〔1〕鉢單：僧人的飯單，多用綢片或厚紙折合而成，齋食時用以放置、鋪墊鉢盂。

其三

千里驅馳出為人，顏容消瘦老於真。食輪轉後無餘事〔1〕，莫學諸方轉法輪〔2〕。

〔校注〕

〔1〕食輪轉：佛教常云：「食輪轉則法輪轉」，謂修禪定也必須依賴生活所需的必要物質。

〔2〕轉法輪：佛的教法，如車輪旋轉，能轉凡成聖，能碾摧一切的煩惱，謂之法輪，佛說法，度眾生，謂之轉法輪。

其四

何時平地起浮圖，化得冬糧但付廚。推倒禪床並挂杖，饑來吃飯看西湖。

其五

殿中泥佛已丹青，堂上禪師也畫成。笑我形骸枯木樣，無禪無佛太粗生〔1〕。

〔校注〕

〔1〕太粗生：禪林用語。太，甚之義。粗，暴之義。生，係接尾詞。禪林中，每藉此語責斥修行未臻圓熟而舉止不慎重者。《臨濟錄》載：『師一日同普化赴施主家，齋次，師問：「毛吞巨海，芥納須彌，為是神通妙用？本體如然？」普化踏倒飯床。師云：「太粗生！』」

戲題趙從善兩畫軸三首〔1〕

其一

一枝香杏一枝梅，各占東風掛玉釵。居士石腸都似夢，王孫心眼怎安排。

〔校注〕

〔1〕原注：「王正之云：『從善家有琵琶妓，甚工。』病翁未得見，藉此畫以戲之。」趙從善：北宋宗室，太祖趙匡胤孫趙惟能之第二子。《宋史》有傳。

其二

無笑無言兩斷魂，一杯誰為暖霜寒。情知別有真真在〔1〕，試與千呼萬喚看。

〔校注〕

〔1〕真真：杜荀鶴《松窗雜記》：「唐進士趙顏於畫工處得一軟障，圖一婦人甚麗，顏謂畫工曰：『世無其人也，如可令生，余願納為妻。』畫工曰：『余神畫也，此亦有名，曰真真，呼其名百日，晝夜不歇，即必應之，應則以百家彩灰酒灌之，必活。』顏如其言，遂呼之百日……果活，步下言笑如常。」後因以「真真」泛指美人。

其三

搔頭珠重步微搖，約臂金寒束未牢〔1〕。要見低鬟揾玉腕〔2〕，更須斜抱紫檀槽〔3〕。

〔校注〕

〔1〕約臂：戴在手臂上的環形裝飾品。宋張樞《風入松》詞：「記伴仙曾倚嬌柔，
　　　重疊黃金約臂，玲瓏碧玉搔頭。」清吳熾昌《客窗閒話初集·馮皮匠》：「予雖
　　　在窘鄉，此尚易辦，脫腕上金約臂與之。」

〔2〕揎（xuān）：抒起袖子露出胳膊。《玉篇·手部》：「揎，抒也。」

〔3〕紫檀槽：紫檀木琵琶槽，亦作槽的美稱。晏殊《木蘭花》詞：「春蔥指甲輕攏
　　　抬，五彩條垂雙袖卷，雪香濃透紫檀槽，胡語急隨紅玉腕。」